Carlo Pastorino

Una cosa da nulla

(Quasi un romanzo)

Consulenza redazionale di Alessandro Torricelli
Traduzione latino-italiano insegnanti G.B.di Praga, Arenzano
Composizione, revisione e grafica Sergio Cesari

In copertina: Colchicum L, o semplicemente Colchico fa parte della grande
famiglia delle Liliaceae.
Scatto di Sergio Cesari

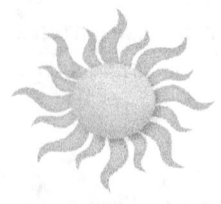

Edizione del giugno 2016

PREMESSA

«Nihil sine te sum. Sine te perditus sum. Sine te per umbras nocturnas tremens, pedibus infirmis, corde moeroris pleno, pavidus, miser, desertus, ad imaginem tuam vanam brachia tendens, te submissa voce vocans mihi ipsi miserandus vagor». (C. Pastorino, *Una cosa da nulla*). Fu opera singolarissima questa di mio padre, per la quale forse troppo incautamente egli venne accostato a un certo modo di procedere panziniano. In *Una cosa da nulla* italiano e latino si mescolano liberamente come unica lingua e con un unico legame: opera in sé perfetta, se si eccettui qua e là qualche caduta moralistica, la narrazione raggiunge accenti lirici di un preziosismo inimitabile; e la casa e il praediulum, il poderetto riscattato con grande fatica, diventano essi stessi fatto spirituale (vd. F. Aquilanti, in «L'Avvenire d'Italia», Bologna 1 maggio 1938).

L'operazione della messa a dimora [delle piante], amorevolmente solerte, era forse per mio padre tra le più gioiose, più della stessa fruttificazione che sarebbe avvenuta di lì a qualche anno. Con le sue mani, egli poneva le pianticelle a dimora. Perché lì, in quel chinarsi a dipanare le radici e a rincalzare la terra con la zappa, c'era racchiusa la sua stessa offerta alla terra e l'avvio di quel dono dal quale poi i congiunti, amici e conoscenti avrebbero tratto gustoso nutrimento.

Questo avveniva intorno alle festività dei santi e dei morti, quando la scuola lo metteva in libertà dall'insegnamento. Allora si saliva – perché ormai si era famiglia – a riaprire quei battenti

1

appena chiusi nel primo autunno: ed erano giorni raccolti e cari; il «dies irae» era per noi tempo ancora lontano.

Non altrimenti si potrebbe considerare quello sconvolgente intimismo che diede sostanza alle prodigiose pagine di «Una cosa da nulla», quando lascia al compagno di lavoro e a noi suoi figli il compito di por fine alla raccolta dei frutti per rincorrere quello struggente inno alla vita sul far dell'estate morente e, insieme fondendo l'italiano e il latino, canta l'amore alla casa e alla sua Vallechiara.

Il soggettivismo fu, del resto, l'indice della sua maggiore modernità. In un tempo in cui tutto è detto con approssimata esattezza attraverso la cronaca visiva e descritta dei fatti, non altra originalità parrebbe infatti oggi possibile se non quella che dettano le storie individuali. Il colloquio, oggi tanto cercato, non vuol forse essere la riscoperta della socialità tramite l'esperienza diretta degli interlocutori? Mio padre aveva questa predilezione di anticipare ogni sua nuova opera con una affettuosa prefazione al lettore, di confessarsi a cuore aperto.

Con «Una cosa da nulla», sottospecie di lettera a un amico, egli arriva alla forma estrema del raccontarsi; ma non per mettersi allo specchio, come venne giustamente rilevato; piuttosto per dare insolita risonanza dal suo io segreto agli oggetti e agli episodi esteriori. Tuttavia le sue pagine non peccarono mai di astruserie e di forzature psicologiche; ci fu anzi chi temette che l'elementarità del suo scrivere potesse essergli addebitata quale nota negativa e non come segno di soluzione di ogni condizione umana nel più raffinato e riservato lindore stilistico.

Coinvolgere chi legge con dimestichezza epistolare è poi tipico di un modello classico del quale abbondano gli esempi nella storia delle antiche lettere, tanto da far supporre che il pensiero nella sua essenza non abbia mai avuto alcuna necessità di questa o quella mutazione formale; e che piuttosto certa prosa d'arte – come qualsiasi altro mezzo espressivo – sia l'unica a non cedere all'arma del tempo sol che s'apparenti con le esigenze superiori dello spirito, restituendocele integre nella loro costante universalità concettuale e indipendentemente dai contenuti, di per sé deteriorabili, al pari di ogni altro gioco evasivo.

La impassibile positura figurativa della lezione giottesca non fa grande il Chagall dei profeti biblici? Così sia detto delle pagine che uscirono dalla penna di mio padre la cui linearità fu umile apprendimento di certi autori trecenteschi, a lungo e appassionatamente studiati perché sensibilmente assonanti, e non per solo diletto estetico, con le sue stesse fonti ispirative.

«Nell'intimità del libro – scrisse G. Cattani («Convivium», Torino 1938, p. 344) – s'avverte il travaglio dell'uomo. La mestizia talvolta adombra il racconto, mai l'offusca. L'angoscia si risolve spesso in invocazione d'amore. Invocazione d'amore alla terra, alle cose, agli uomini, a tutto ciò che è bello e buono»; con un'emozione che talvolta prende la mano allo scrittore. Una invocazione che mio padre doveva ancora esprimere, qualche mese prima della morte, in una poesia che trae il titolo da questo verso: «... Non chiuderanno gli usci alle mie spalle», e che prosegue: ... «come s'io fossi uscito per diporto, / e più tardi dovessi rientrare. / Ma a lor volere inganneran se stessi / perché non torna mai quegli che parte / a questo modo...».

(da Piero Pastorino, *Mio padre Carlo Pastorino*)

3

1. - La scintilla

Mi pare, caro Cino Stoppino, che a queste pagine che vorrei premettere alla ristampa del *tempo di raccolta,* non potrei dare inizio più augurale che facendole precedere dal tuo nome[1]; e non già perché io pensi che codesto tuo nome contenga in sé alcuna cosa di buon augurio, ma per il fatto che sotto di esso, scomparendo sillabe e lettere, io ci vedo te: te, col quale, come mi è dilettevole e giovevole il conversare, così sento che mi è l'intrattenermi scrivendo.

La scintilla iniziale tuttavia non è partita da te, né da altra persona. Queste pagine non sarebbero nate, se ai miei occhi non fosse apparsa improvvisa una piccola cosa che ora qui sul principio non amo nominare.

Essa è tuttora nel prato, a duecento passi dalla mia casa, e vi rimarrà forse per altri quattro o cinque giorni; per modo che se tu fossi pronto ad accettare l'invito di venirtene alcun poco presso di noi, la potresti vedere con i tuoi occhi stessi. Dopo non la vedresti più; né io, né alcun altro: essa sarà dileguata per sempre.

Il suo nome lo dirò più innanzi, anche perché essa non mi sembra avere per sé maggiore importanza di quanta ne abbiano le cento e mille altre cose che ogni giorno si presentano allo sguardo; ciascuna delle quali, se fosse il suo momento, potrebbe produrre non dissimile effetto.

Importante invece è dire in che modo e in che luogo essa mi

---

1   Cino (Giambattista) Stoppino (di lui non ci sono note le date di nascita e morte), letterato. Coautore insieme a Pastorino dell'antologia italiana per la scuola media *Novissima,* IRES, Palermo 1941. Fu anche autore del saggio critico delle *Operette morali del Leopardi,* Cappelli, Bologna 1949.

5

sia apparsa e come per sua cagione si sia aperta in me una non so che fenditura che durerà non soltanto i quattro o cinque giorni quanti a lei rimangono ancora di vita, ma un tempo di cui non prevedo la fine.

È in me il ricordo di altre fenditure simili a questa. Le più vive e le più lente a guarire furono sempre quelle che si apersero al tramonto dell'estate e al principio dell'autunno, allorché i primi sciami, raccoltisi al margine del bosco, danno gli squilli della partenza; e parrebbe che anche noi dovessimo partire, ma per un viaggio più lungo e senza ritorno: perciò nei giorni che ancora rimangono, così fuggevoli e lievi, c'è ansia di chiudere, di imprimere un nostro sigillo, di operare per l'ultima volta, e che sia la volta definitiva, quasi testamento: una parte di noi, che vorremmo essere la più bella e la più pura, rimasta quaggiù. È il dono che partendo lasciamo alla terra che nel tempo del nostro vivere ci fu tanto ospitale e cara, e agli uomini che camminarono con noi, e li amammo e ci amarono; e ora rimangono ancora un poco, poi ci seguiranno: ma la parte di noi non la porteranno seco, ma rimarrà sulla terra per altri che verranno dopo.

Ho tuttavia ricordi di fenditure di altro tempo; e queste sanguinano meno e sono più facili a curarsi. Non è più tempo di voce definitiva o di testamento, perché qualcosa che è nella luce, annunzia che sta per apparire l'ora dei ritorni; ed è come se una nuova vita stesse per cominciare. Quasi ogni anno, specie se la stagione ci colga nella nostra terra, della quale nessuna è più sensibile e viva, l'agguato è teso in uno di quei tepidi meriggi, quando sul finire di febbraio o sul cominciare di marzo il sole ridesta il pendio boscoso, e la persicella tinge di sangue il crescione della fontana.

Allorché la fenditura è così avvenuta e tu la senti ardere e sanguinare; e dolora, ma di un dolore dilettoso, acuto e strano, per cui il mondo e il cielo ti appaiono tutt'un oggetto del tuo amore, e guardi con pupilla dilatata e tremi ché immenso è l'oggetto e piccolo sei tu, e godi a un tempo e ti spauri; ecco che il tuo impulso primo è di guarirla: perciò credi che sia bene gettarvi dentro ogni cosa che ti venga a mano; ma l'effetto è contrario perché le nuove cose, per l'ardore e il commovimento che vi trovano, entrano in combustione esse stesse e si trasformano, fendendo a loro volta e scavando e cercandosi in qualche modo un passaggio; e se tu le volessi ricercare e riprendere, non le riconosceresti più tanto sono mutate.

È qui anche l'origine di un numero non esiguo di dissapori, che tu ti trai dietro; perché concertando con gli amici avevi disposto di te in una maniera; poi, appressandosi il tempo, ti affannasti a disdire: «Perdonate; non posso più».

Ed essi: «Che cos'è dunque avvenuto?».

Tu non puoi rispondere: «Amici, ero sano e ora sono malato. Non è possibile tener fede alla mia promessa, prima del giorno della guarigione».

Ma se anche così rispondessi, essi non crederebbero; perché ti vedono camminare, ti sentono di umore quasi felice, i tuoi occhi sono accesi, sei pronto al ridere e al conversare piacevole, la tua voce ha tono più pieno, siedi a mensa come prima e se bella corona di amici siede con te, la mensa ti è più gradita; perciò alle tue parole non potrebbero che opporre queste: «Tu ti prendi gioco di noi. Chi più sano di te?».

Eppure di fronte a quelle cose così antecedentemente concertate e che ti strapperebbero alla tua casa e alla tua carta bianca che ti pare essere la cura del tuo male, tu ti trovi nella stessa impotenza di uno che, colto da paralisi, giaccia inerte nel suo letto.

2. - Affrettati: il tempo, dopo, ti mancherà!

Erano usciti col proposito di cogliere pere di quella varietà che i fruttivendoli chiamano butirra Hardy. Su di esse ormai erano passate le tempora d'autunno e la loro maturità era imminente.

Mi precedevano i miei figlioli e mi seguiva il contadino Carlo Barisione, che ha il soprannome di Munfrin perché originario di un comune del Monferrato.

Egli merita due parole perché è un caro uomo. È di poco oltre i cinquant'anni; ma debole di salute e scosso dai disagi del passato, appare più vecchio della sua età. Teme l'autunno perché gli segue l'inverno; e al cadere delle prime brine gli pare sempre che non vedrà rinascere la successiva primavera.

Io lo conosco da non molti anni; ma dopo la sua venuta ho l'impressione che sia entrato nel mio podere una gentile e cordiale nota di più. Egli ama Gelindo, i Reali di Francia, Guerrin Meschino le storie di Alessandro e le imprese di Napoleone; e dono più gradito non gli si può fare che quello di libri che tocchino qualcuno dei suoi cicli. Umile, paziente e devoto, egli ha pregato che in un punto del frutteto gli facessi una capannuccia tutta per sé; e io non ho voluto dire di no. È una capannuccia nella quale egli si rigira appena, ma, usando l'espressione comune e trita, mi confessa che non la muterebbe col palazzo di un re. I libri della sua lettura sono ficcati sotto i travicelli; e non vi manca neppure un giaciglio per il riposo meridiano. Per la lettura si siede su uno sgabelletto che pure si vede lì. Davanti e ai lati vi ha seminato fiori, erbe aromatiche e ortaggi vari; e ogni giugno, tornando dalla città, io la trovo adorna di qualche cosa di nuovo che anche a me fa pensare non dirò a una reggia, ma al soggiorno di un buon romito dall'immaginazione

9

fiorita e dal cuore bello.

Quest'anno, al ritorno, non lo vidi venirmi incontro perché non sapeva che sarei giunto quel giorno; e mi si disse che da qualche ora nessuno l'aveva veduto. Allora mi accostai alla sua capannuccia e intesi che conversava con qualcuno. La porta era chiusa e io non potevo vedere a chi rivolgesse la parola. Udivo ripetere: «Berta, come stai, Berta? Sei contenta, Berta, di questa nostra casa?».

L'altra non rispondeva; ma dal modo di interrogare io capivo che risposta egli non ne attendeva. Molte ne pensai: a una bambina non ancora atta a parlare; a una muta, o a una non so che altra persona. Ma come avrebbero potuto rigirarsi lì in due? Ora ecco che chiamai; ed egli sollecitamente aperse; e un pò confuso, ma lieto, mi mostrò la sua Berta. Era una gazza addomesticata. Egli uscì ed essa andò con lui. Andammo su per le balze alla visita delle opere recenti, ed essa venne pure. Faceva piccoli voli o saltava sulla spalla o sul capo del suo amico.

Ora dunque mentre andavamo per la raccolta delle pere Hardy, Berta posava su una sua spalla e piegava il collo e lo fissava in volto, movendo in maniera aggraziata il capo, quasi a significargli il suo amore.

Erano le nove. Saremmo usciti prima, ma vi era molta rugiada e ci parve opportuno attendere che il sole la facesse evaporare.

Ma ai peri io non potei giungere perché l'apparizione improvvisa della piccola cosa lo impedì. Dissi: «Non vengo più. Andate voi; coglietele voi, le pere».

Non mossi più un passo. Quando saprai quanto sia davvero tenue la cosa che mi arrestò così, tu riderai, ma io ti lascerò ridere perché sono certo che avrò sempre modo di prendermi la rivalsa quando a mia volta domanderò io a te quali siano le cose che hanno potere di fermarti e di farti retrocedere; e allora ti avverrà di sorridere di te stesso ricordando come certe deviazioni che ti portarono a fare l'opposto di quanto ti eri ripromesso, furono determinate da fatti di così lieve entità che a raccontarsi parrebbero non degni di fede. Né ciò è valevole soltanto per gli individui; ma potresti trovarne le tracce anche nella vita dei popoli, per cui certi movimenti e spostamenti del corso della storia hanno talvolta cagioni che si cerca di coprire di silenzio perché sarebbero ritenute, per la loro ingenuità e piccolezza, non vere. Non è così? Quanto a te, in quello che ti riguarda, prova a fare un rapido esame, e mi risponderai: «Hai colto nel segno». E bada che questo accade a te che sei forte e di volontà ferma e diritta: a te che fra i dieci o dodici uomini che nella mia vita ho più ammirato e perciò amato, non tieni certo l'ultimo posto.

I miei figlioli, il Munfrin e Berta proseguirono, e io rimasi. È da dire che l'ora era di una bellezza fuori del comune: un cielo tersissimo, con un'aria leggera di ponente e con un sole così luminosamente giovane che la campagna era come sotto l'azione di un incantesimo. Alla quale, stranamente, aggiungevano un che di stupito e quasi di irreale i due operai che, là in alto, in prossimità della corona di faggi lavoravano a certi sterri dove a giorni collocheremo i susini oro del Giappone; e i faggi si disegnavano nitidi nell'azzurro ondulando al vento leggero.

«Babbo, perché non vieni più?».

Feci un gesto con la mano che doveva sostituire le espressioni di prima e non aggiunsi altro. La cosa era troppo tenue perché io potessi dire: «Ecco l'impedimento». Anzi le parole non sarebbero venute, anche volendo: la mia lingua s'era fatta muta. Ma, togliendomi la facoltà del parlare, la cosa mi aveva ben lasciato quella dell'ammirare; e già essa, per sé, pur così piccola, era tutta un illuminazione, per cui il mondo mi appariva trasfigurato così.

Ma dir questo, è dir poco. Da che uso la penna e scrivo, ho sempre sentito come un'ansia di rappresentare a parole una campagna bella illuminata dal sole nuovo, ma ho sempre lasciato a metà perché la penna non era da tanto. È necessario accontentarsi di non essere più che il turiferario il quale mette i grani d'incenso nel suo fuoco; e così agitando, chino e riverente, esser pago del fumo odoroso che sale e si disperde lassù.

Rimasi lì forse cinque minuti: un pero di Malines a sinistra, un trionfo di Vienna a destra, una bella di Coverciano di sopra e un melo renetta del Canadà di sotto; e, nel centro, ai miei piedi, quella cosa che trasfigurava il mondo. Era fra il guaime fitto e pieghevole; e il sole penetrando fra le rame dalle foglie già rade scintillava entro di lei col suo raggio più bello. Ma essa era anche un richiamo.

11

Diceva: «Affrettati dunque! Non vedi? Il tempo, dopo, ti mancherà».

Capivo perfettamente il significato del richiamo: così bene lo capivo che per esso ero perduto e felice.

3. - Nella stessa via

Eccomi dunque rientrato. Sono qui da mezz'ora. Ho tratto fuori carta e penna. Ho chiuso l'uscio: la finestra aperta, e intorno, gli scaffali coi libri di ogni tempo e di ogni popolo.

Sento che di là c'è movimento. I primi cesti di frutta entrano; ma io non uscirò. Odo le voci dei miei figlioli alle quali risponde quella del Munfrin. Ridono perché Berta non ha voluto attendere fuori dall'uscio; ma è entrata col suo caro addestratore. Né tutto ciò è sufficiente a scuotermi e a farmi abbandonare la carta e la penna. Mi pare che ora non ci sia altra cosa da fare che questa: scrivere.

Scrivere a te; ma nel tempo stesso scrivere anche un poco a tutti: a quanti come te sono buoni; e penso che i buoni siano molti: in numero assai maggiore di quello che comunemente è creduto.

Ho detto che tu sei uno dei dieci o dodici che più ho ammirato e amato; ma non devi credere che io non abbia avuto stima anche di altri fuori di questi. E anche ammirato. Sono centinaia. Solo che il loro passaggio è stato troppo rapido e io non ho avuto il tempo di dire: «Fermatevi un poco. Procediamo un poco insieme». Perché ciascuno ha una sua via e non è facile trarlo nella nostra; né a noi è possibile entrare nella sua. Avviene che uno che sarebbe stato il nostro amico, e forse il più generoso amico, quello il cui spirito avrebbe dato nutrimento al nostro, avviene, dico, che egli cammini di là di questa siepe e le fronde ci impediscono di vederlo; né lui vede noi. E le vie sono parallele e noi camminiamo tutta la vita così e così cammina lui, noi di qua lui di là, e giungiamo in fondo senza che l'incontro sia avvenuto mai. O se talora avviene è così tardi che agli occhi non resta altro conforto che quello di piangere una perdita che nessun altro bene varrà a sostituire.

Molti fatti occorrono perché due a un punto della loro vita possano trovarsi nella stessa via. Penso alla prima volta che tu ed io ci vedemmo: fu in viaggio, su un treno lento, e tu sedevi di fronte a me. Non avevo avuto mai notizia di te. Conversavi con un giovane vestito d'un abito chiaro. Io leggevo non so che settimanale letterario, ma tu eri troppo vicino perché io potessi prestare attenzione alla mia lettura. Né la vicinanza tuttavia era tutto; perché v'è gente che ti potrebbe parlare negli orecchi e prenderti per le mani e dirti: «Ascolta dunque» e tu continueresti la tua lettura e non te ne sentiresti distratto.

Nel tuo caso la cosa era diversa: parlavi con voce così fatta e dicevi così fatte cose che io mi sentivo tutto mosso internamente. La simpatia o qualcosa di più fu immediata. All'uscire da una galleria tu levasti gli occhi: contemporaneamente io levai i miei: i nostri sguardi si incontrarono e si fissarono come quelli di due amici.

Poi io ripresi la lettura, tu riprendesti a parlare col giovane vestito di chiaro. Ma ecco che su un ponte in riparazione, procedendo il treno a passo d'uomo, noi ci trovammo nuovamente con gli occhi negli occhi. Nello stesso tempo abbozzammo un sorriso. Perché? Come avvenne?

Per due anni, poi, non ci rivedemmo più; e non trascorse tuttavia un giorno che io non ti ricordassi. Avevo la certezza che la stessa cosa accadeva in te. Mi erano presenti il tuo sguardo e il tuo sorriso. Udivo la tua voce e non perdevo una sola delle parole che tu rivolgevi al tuo compagno di viaggio. In tal modo già sin d'allora io ti conoscevo così bene come meglio non ho saputo in questi ultimi anni di incontri periodici e di serena amicizia. Tu eri già tutto nello sguardo e nel sorriso.

Poi, ecco che, passato quel tempo, io ti rividi. Né questa volta eri solo. Una bella e amorevole fanciulla, dagli occhi miti e soavissimi, era al tuo fianco. Camminavate per le vie della città. La folla era grande, perché era l'ora del passeggio serale; e gli ultimi raggi del sole battendo su palazzi e cupole traevano meravigliosi riflessi d'oro. La folla procedeva festosamente; ma tu e la fanciulla che camminava alla tua destra, eravate più alti e più belli e mi pareva che la festa fosse per voi. Vi seguii come abbacinato. Che cosa volevo? Perché vi seguivo? Entraste in una grande piazza dove i riflessi del sole gettavano fasci d'oro e i vostri volti erano tutta luce nei fasci d'oro. Quindi piegaste a destra ed entraste in una via stretta che saliva; e anche qui io, portato automaticamente, vi seguii. A metà della via apparve un bivio; e voi davate come l'impressione di essere nuovi del luogo e cercavate di orientarvi. Qui la folla non c'era più. Tu ti guardasti attorno per cercare qualcuno: volevi domandare: «La via del Carmine qual'è?». E i tuoi occhi non incontrarono che i miei. Come brillarono essi! Mi riconoscesti subito e prima di rivolgermi la domanda porgesti la mano e ti presentasti e io mi presentai. E volgendoti verso la bella fanciulla dicesti: «Mia sorella Albertina».

Da allora cominciammo a vederci spesso, specie nei mesi dell'inverno; e la letizia di camminare un poco insieme si rinnova. La tua compagnia mi fa migliore: lasciandoti, ne riporto ogni volta un accrescimento di luce; e se tuttora sono tanto imperfetto, non è tua la colpa, ma della mia natura che è lenta a piegarsi e che non è tale da far troppo onore ai suoi maestri.

4. - Quando gli occhi saranno chiusi

I miei figlioli sono entrati con altri cesti. Mi chiamano. Chiedono: «Dobbiamo cogliere anche le pere dottor Lucius?».

«Sì; cogliete anche quelle».

Rispondo così e non mi alzo. Mi pare di non averti detto nulla ancora e non posso chiudere qui. Tuttavia, tra breve, dovrò interrompere; e riprenderò più tardi o domani. Queste pagine, già lo sento, procederanno a sbalzi e non è da escludere che a un dato momento fuggano per vie non previste e io stesso dimentichi che esse sono fatte per te e a te dirette.

È venerdì: ventisette settembre di quest'anno mille novecento trentacinque che quando lo pronunciavo fanciullo e pensavo che sarebbe pure venuto, lo vedevo in tale mitica lontananza quale sarebbe ora il tremila e oltre. Gli è che fanciulli vediamo gli anni lunghi, complessi e pieni: simili quasi a un'epoca intera; e, grandi, gli stessi anni ci fuggono con la rapidità delle più veloci cose. Era ieri l'alba del primo giorno di quest'anno e domani la sera dell'ultimo. È una corsa velocissima, un rotolìo; e la vecchiaia preme alle spalle, mentre ai tuoi piedi fioriscono ancora i cespi della fanciullezza e tu dici: «Quale inganno è questo?».

Gli usci chiusi non sono impedimento a un intenso odore di funghi che, attraversando due camere, viene dalla cucina. I funghi saranno serviti a mezzogiorno; e se dicessi che la mia gola non se ne senta solleticata, direi bugia. Non v'è cosa tra i cibi che più dei funghi abbia potere di chiamarmi al pensiero sensazioni piacevoli; e v'entra forse il sentimento della loro natura misteriosa e pudica con quel caro silenzio dei boschi che ce li ha offerti.

Questi li trovai nel pomeriggio di ieri; e ora nasce in me il

17

sospetto che essi non siano estranei alla preparazione dello stato di eccezionale accensibilità che stamane ha reso così immediato il colpo alla tenue cosa del prato.

Erano le quattro quando entrai nel bosco. Il bosco è questo che tu conosci qui sopra la nostra casa. Gli alberi, poiché è la loro ora, cominciano a sentire l'autunno e cadono le prime foglie. Ma altre sono verdi e fresche come se l'entrata della primavera sia di ieri.

Camminavo per quei sentieri piccoli e girevoli che portano alle cime: sentieri che non sentirono mai colpo di marra, ma che così li fecero i passi di chi mi precedette, e ora li tengono vivi i miei.

Le foglie che frusciavano sotto i miei piedi m'erano ammonimento di non fidarmi del verde delle fronde rinnovellate, né del sole d'oro, né del cielo carezzevole che non pareva autunnale, ma di inizio di aprile.

Salii verso la cresta dell'Uccelliera, che delle tre cime che sovrastano la casa è la più bassa; ed è così contornata di faggi ch'io non so guardarla senza sentire in me un forte intenerimento.

Qui affiora, credo, la parte più vulnerabile della mia natura; perché all'intenerimento non è estraneo il pensiero che un giorno io dovrò chiudere gli occhi, e questi cari faggi non mi vedranno più, né io vedrò più loro; e non potrò più sentire sotto i miei piedi questa mia terra che amo di un amore che io non oso dire. È troppo, lo so; e tu fai bene a dirmi: «Non devi»; perché negli amori anche apparentemente più innocenti si cela l'insidia. Sì, questa è la mia parte vulnerabile; tanto che mentre ti scrivo e sollevo gli occhi e mi vedo i miei faggi e osservo come il sole splenda sulle loro fronde e come sia tutto verde con gradazioni di giallo il pendio, io non so vincermi e sento che da non so che profondo salgono le lacrime e cadono su questo foglio.

È lo stesso amore anche che un giorno di festa dell'anno trascorso — era la prima domenica di ottobre, festa del Rosario — mi tese un'insidia inattesa e grave. Ero salito al santuario, ché v'era funzione; poi la gente era tornata alle case del piano, ma io presi per il crinale della montagna e andavo così. Ero solo, il sole splendeva in un cielo purissimo e il cammino del crinale era facile. Sapevo che alle dieci in un punto della valle si scopriva con cerimonia una lapide; e io non solo dovevo essere presente, ma nella cerimonia sarei stato parte attiva; per cui la mia assenza avrebbe suscitato commenti e meravigliato stupore. Ma per ora potevo continuare a camminare per il crinale così, perché non erano ancora le nove; e quando avessi voluto sarei sceso affrettatamente, perché nella discesa anche i sassi hanno le gambe.

Tuttavia andavo innanzi. L'aria ventilata d'ottobre con quel sole grande e con questo prato liscio e soffice, mi erano spinta; e io andavo così, dimenticando a poco a poco che il tempo passava e che avrei dovuto fare alt e retrocedere. Peggio fu quando giunsi a una ripiegatura del crinale; e la ripiegatura scendeva per la pendice e giungeva sino a un bosco ceduo che si vedeva in basso.

Mi misi in essa e scesi cento passi o poco più; e il luogo mi era nuovo, e vidi come la ripiegatura si allargava e formava come un piano circolare, ma non grande, e da un lato gemeva una fontanina chiara che mi fece da specchio. Per tutto il piano circolare brillavano fiorellini azzurri e bianchi, e i loro gambi lunghi e sottili emergevano dalla fitta erba autunnale, che era di una tenerezza verde e incantatrice. Sopra la fontanina sorgevano due cespugli di faggio: folti, robusti, con rame intrecciate e nodose. L'aria vi circolava attorno ed entrava tra le rame; e il mormorio era dolce, vario e costante. Io mi aggirai non so quante volte lungo gli orli del piano, ma non entravo per non sciupare quella tenerezza verde e quell'incanto di fiori; poi mi sedetti fra i due cespugli e non trovavo il modo di andarmene più. Sentivo che quanto lasciavo qui, non l'avrei mai più ritrovato; e sarebbe stato un addio per sempre; e la fontanina, i fiorellini, l'erba, i cespugli e il sole, mi dicevano a una voce: «Rimani». E io rimanevo. Ero legato al suolo. Quando finalmente rientrai in me e mi scossi, mio pensiero fu di trar fuori l'orologio. Ahimè, erano le undici. Com'era volato questo tempo! Precipitai verso il punto della valle dove la lapide sarebbe stata scoperta: non vi trovai che un piccolo palco e quattro sedie. La gente se n'era già andata; e della cerimonia non mi fu dato udire più neanche gli echi.

Non ridere ora che ho confessato. Tu sai che non è mai avvenuto che chi ode una confessione, rida di colui che l'ha fatta.

Tutt'al più serpe un senso di pietà. E tu voglimi bene anche così: poi discorreremo insieme e io ti ascolterò e trarrò profitto dalle tue parole sagge che mi insegneranno se non a guarire del male, ad attenuarne almeno la gravità.

Tanto più che esso non è legato soltanto alla mia terra; ma è un poco per tutte le terre.

È dell'estate di questo stesso anno un viaggio che io feci attraverso le campagne di Francia, del Belgio, dell'Olanda, del Lussemburgo e della Svizzera; e tutte quante le terre mi parvero un poco tanti regni di fate e le sentivo così accoglienti e care che indubbiamente le avrei amate tutte se in qualunque punto il torpedone si fosse fermato e qualcuno avesse detto: «Resteremo per sempre qui». E le amo lo stesso richiamandole al pensiero. Sentivo anche una non so quale invidia per gli abitatori di esse: invidia che toccò il più alto grado in un punto deserto fra Montargis e Laon in Francia. V'era lì un avvallamento del terreno e una foresta con alberi immensi e fondi; e tre fanciulle che non parevano mortali tanto splendevano di grazia e di giovanile bellezza, stavano per entrarvi; ma prima si volsero e poiché sul nostro torpedone che passava senza fretta videro i colori d'Italia, mandarono con la voce e con la mano un così dolce saluto ch'io non dimenticherò mai più; e al saluto aggiunsero un evviva alla nostra patria.

Intendi bene: l'amore è soprattutto per le terre, non per le città: non per Parigi, Bruxelles, Amsterdam, Berna. Belle anch'esse, e come! tali che strappano grida di ammirazione. Ma sono un'altra cosa e a spiegarsi porterebbe lontano.

Forse una delle ragioni è questa: che nella terra tu sei solo e lei è sola; e lei ha un modo immediato di farti sentire la sua presenza e di entrare in te: l'erba, le piante, la messe che matura, l'acqua che scorre, la nidiata che si scioglie e il frutto che cade, sono gli stessi qui di quelli che erano nella terra dalla quale vieni: è lo stesso il suo risveglio del mattino, lo stesso il suo distendersi esausta sotto il gran sole meridiano, e ancora lo stesso il suo prepararsi alla venuta della notte e il suo riposare sotto la luce delle stelle: ma più che tutto è la stessa lei in sé, lei come argilla e calcare, lei bruna, rossastra, bianca, che se tu vi immergi la mano e ne la riporti piena, senti quello stesso odore che sempre sentisti da che hai aperto gli occhi: caro odore familiare, quasi di casa e di mamma, quell'odore tanto buono che il giorno che ti venisse a mancare, verrebbe meno a te la tua stessa vita.

Nella terra dunque tu sei solo ed essa è sola: l'amore perfetto senza occhi testimoni. Ma nella città anche ciò che è bello e sarebbe ammirabile e amabile, è cosa così di tutti che tu ne senti il disagio e ti allontani.

«Ho, allora» tu domandi «l'amore che hai per la terra è in opposizione a quello dell'uomo?».

Come potrebbe essere in opposizione? Come potresti non amare questo che ti cammina a lato; e ti guarda e tu lo guardi, e senti che ciò che passa in te anche in lui passa? Ecco: egli è nato lontano da te in una di queste vaste piane del nord, sulla riva di uno di questi placidi canali che portano le navi al mare, e una donna che è come la donna della tua casa, cullò i suoi sonni di bimbo, e gli cantò le sue canzoni e gli disse: camminerai libero e felice e la tua vita sarà come quella di un re. È la felicità che esse non ebbero; ma il figlio, sì, l'avrà. La donna che cullava il figlio ora è partita e non tornerà più; e l'uomo cammina solo, e benché già grande è portato a dire di se stesso: io sono un orfano. E così è triste e i suoi passi procedono verso una meta oltre la quale c'è silenzio; e indietro non tornerà più. Vedi? Egli ti ha scorto; e sente che in te sono i suoi stessi pensieri. Per primo rallenta il suo passo; vorrebbe dirti: «Buon giorno, fratello» ma non dice, perché la timidezza lo tiene. Ricorda che la sua lingua non è la tua e la timidezza è originata appunto dal pensiero che le sue parole non sarebbero comprese; pure ti è fratello e col rallentare così e col tentativo di saluto ha voluto dimostrartelo.

V'è tuttavia questo: quando gli uomini sono adunati insieme ed empiono le piazze, costituiscono ciò che noi chiamiamo folla e i latini, con termine spregiativo e neutro, volgo. Allora, non sai come, sei portato a dubitare un poco, la tua fede non è più così ferma; perché nella folla o nel volgo non riesci a veder più gli uomini; vedi un'altra cosa, e ne soffri, e vorresti essere lontano, perché ti pare che anche quello che di te è migliore, si turbi e vada perdendosi. La ragione è che nella piazza gli uomini non portano quasi mai il vero se stesso; sì bene quel tanto di superficiale e di vano che rappresenta la maschera che li nasconde. Tu perciò non vedi che questo e ne sei addolorato. Né basta: ché tu stesso, per essere in armonia con la piazza, ti fai vano e superficiale a tua volta; e ti senti perciò scontento di te e lo stesso scontento getti su quanti ti stanno intorno, i quali non hanno maggior colpa di quanta ne hai tu.

5. - I faggi doppi

Sull'uccelleria una sosta.

Tra i faggi, sulla cima, s'apre un piccolo piano oblungo che ha tuttora i solchi del paretaio e all'estremità sono i resti di una capanna di pietra. Sulle pietre sono nati i rovi che ad agosto portano grappoletti di more. Il cacciatore antico sostava qui in attesa; e alle rame degli alberi appendeva oggetti di richiamo e sul terreno spargeva chicchi di grano e briciole di pane.

Poi abbatterono i faggi e l'uccelleria fu nuda e fredda. Il vento d'autunno strisciava sulle ceppaie spoglie e si lamentava con un lamento rapido, doloroso e acuto. Il cacciatore non apparve più e trasportò altrove il suo paretaio.

Ma i faggi rinacquero, prima timidi e bianchi. Le piccole foglie erano come coperte da un velo, e pareva ragnatela o il tessuto di qualche genio solitario e gentile. I germogli erano sottili, contorti,
obliqui e quasi striscianti, e nessuno avrebbe detto che fossero destinati a farsi alberi. Ma una primavera fu confortevole vedere come le pianticine avessero preso ardire e coprissero tutta la pendice della loro tenera chiarità.

I fanciulli vi salirono a giocare. Ora i faggi sono nuovamente grandi e alcuno di essi s'avvia a farsi gigante; ma allora i fanciulli intrecciavano a due a due i teneri tronchicelli; ed ecco che alcune coppie non si sono sciolte più e, fuse in una, sono cresciute grandi piante così. Il punto di fusione nessuno saprebbe riconoscerlo; il tronco tondo, liscio e diritto è assolutamente uno.

Tra i fanciulli di allora erano Caterina la piccola, Caterina la grande, Colombina, Pedrino e questo tuo amico. Ma i primi quattro sono rimasti addietro, o forse sono andati avanti: egli non sa bene. Il loro nome non appare scritto neppure sulle zolle del cimitero sotto le quali li calarono; e molti li hanno dimenticati. In vita essi non pensarono neanche ad inciderselo da sé, il loro nome, sulla corteccia di uno di questi faggi.

Raramente avviene che se si cammini fra la gente, qualcuno dica: «Già, mi pare... Sì, era una fanciulla così... I suoi occhi erano chiari... Sì...». Oppure: «Oh, era forte, più grande di noi... Crebbe rapidamente lui... Già... Avrebbe la nostra età... E da quanti anni è scomparso!».

Ma per lui, per questo che ora s'è fatto uomo e che dei cinque è il solo superstite, ben altra appare la cosa: la loro storia, anche nei particolari, è impressa nel suo cuore. I loro nomi vi sono incisi

a caratteri d'oro; e sono vivi anche più che allora, perché il tempo vi ha aggiunto una sua nota indelebile di mestizia e di dolcezza. Il ricordo non fa più male, benché la loro vita, specie di tre di essi, sia stata così triste, angustiata e quasi senza luce.

Colombina era più grande di lui e presto fu giovinetta bella e cara. Vennero dalle case delle valli i giovani per lei; ed era contesa fra loro; ché era un poco come l'Elena di Sparta, prima delle sue nozze. Ma fu sposa a un uomo rustico e duro, che la condusse nella casa dei vecchi; più rustici e più duri. E ogni boccone che si portava alla bocca, le veniva contato; e così deperì e un giorno dette sangue dalla bocca. E allora i vecchi dissero al figlio «Oh! e tu dunque hai sposato una...». Colombina udì e prese il fagottello delle sue cose, e tornò alla casa della sua infanzia. Senza dir nulla si diresse verso la cameretta che era stata sua e si distese sul letticciolo di fanciulla. Nella casa ch'era stata sua, ora i suoi non c'erano; perché era l'estate ed essi vivevano i mesi della stagione buona sulla montagna per la pastorizia. E a curare Colombina andava la mamma caritatevole di questo che ora è uomo; perché la sua casa era vicina e uno stesso tetto serviva per tutt'è due. Occorreva salire una piccola scala di pietra che metteva a una loggettina pure di pietra; e di lì si apriva la porta bassa e nera dell'alloggetto di Colombina. Ma andava anche il figlio della madre caritatevole; e stava seduto sul coperchio di un cassone e udiva i colpi di tosse e i gemiti rochi della poveretta; e si mordeva le labbra per non gemere anche lui. Erano i giorni delle ciliege mature e Colombina gli diceva: «Va, caro; va a coglierne un pugno». E lui andava; ma tornava presto; e le ciliege fresche e lucenti chiamavano sul volto dell'ammalata il sorriso della gratitudine. Ma un giorno gli dissero che peggiorava e che sarebbe morta nel giro di poche ore. Le era nato un piccinino minuto che pure nel giro di poche ore sarebbe morto. Egli si aggirò intorno alla casa tante volte; e avrebbe voluto portare ancora una volta una manata di ciliege; ma gli dissero che la cameretta era piena di gente e che gli occhi di Colombina si andavano spegnendo gradatamente. Salì con le gambe che gli tremavano; ma non giunse fino alla cameretta, perché non avrebbe potuto reggere. Udì le preghiere dei moribondi; e pregò egli pure, poi uscì. Per quel giorno nessuno lo vide più.

Tale in breve la storia di Colombina. E così ora salendo egli a questa cima, non può non ricordare; e gli pare di essere anch'egli un poco come qualcuna di queste piante doppie; e sempre uno o due dei fanciulli di allora sono intrecciati con lui. Egli non ha soltanto la propria voce e il proprio volto; ma la sua voce e il suo volto sono anche i loro, e gli accade talvolta di chiamar se stesso con uno dei loro nomi, e così si sente rispondere: «Eccomi qui».

6. - Il racconto del ruscello solitario

M'ero alzato e avevo già fatto dieci passi; ma dovetti tornare. Ora che avevano fatto ritorno i cari fanciulli dei faggi, non potevo andarmene così.

Di Pedrino dissi già la storia tanti anni fa e apparve nel libro *Il ruscello solitario*. In un manoscritto che dorme lunghi sonni presso un editore, narrai anche le brevi storie di Caterina la piccola e di Caterina la grande; e qui le trascriverei se ne avessi le minute.

Pedrino aveva la mia stessa età; Caterina la piccola mi era superiore di un anno; e Caterina la grande, di cinque.

Poiché *Il ruscello solitario* ebbe vita ristretta e copie non ve ne sono più, credo non inopportuno riportare qui ciò che là era scritto. Sono ricordi di falciature montane le quali non mancano di qualche loro mesta dolcezza. Dal luogo del mio lavoro alla capanna di Lalla Rella v'era la camminata di un'ora; e altrettanto sarebbe occorso ancora per giungere alla mia casa. Così la capanna era a metà cammino; e come mi fosse rifugio utile e comodo è detto appunto nel racconto. Eccolo:

Il piede sbucciato.

Allora, per quel fatto, non mi era possibile scendere a casa al tramonto. E rimanevo sulla montagna e col calore delle ombre della sera mi recavo, zoppicando e appoggiandomi al bastone, alla capanna alpestre di Lalla Rella. Arrivavo che era notte. Il male durò quasi un mese. Era stata una sbucciatura al piede e quella aveva portato un gonfiore e un dolore alle glandole inguinali.

Lalla Rella mi dava un piatto di minestra e io mangiavo con

lei e con Uomotondo, il marito, nel piazzalino sopra la casa. Finita la cena, i due vecchini entravano nella stalla a mungere. Qualche sera andavo anch'io con essi e li aiutavo; ma il più delle volte rimanevo tutto solo nel piazzalino, seduto sulla mia pietra. La montagna, in quell'ora, era silenziosa, tanto che avresti creduto udire il misterioso linguaggio delle stelle. I loro colloqui erano forse con le erbe montane, coi pini solitari, coi picchi acuti, con quel cocuzzoli; là, neri e solenni. O forse ragionavano con me. Io avevo parlato ad esse, dinanzi, venendo dal luogo del mio lavoro. Avevo ammirato, arrestandomi tremante, lo sbocciare della prima stella: era sorta, quella prima stella, proprio lì sul monte, pallidina, oscillante, incerta; poi a grado a grado, forse mossa dal mio amore, s'era fatta rosea e ardente. Era l'ancelletta di Dio; bella e soave; sorta lì per me, per mia guida, per luce del mio cuore. E le avevo rivolto parole calde; parole ch'io avevo immaginato di veder salire a lei come vapore d'incenso dall'incensiere. Poi altre stelle erano sbocciate e a tutte, amorosamente, era salito l'incenso del mio cuore.

Una delle ultime notti — i miei mali andavano guarendo — Uomotondo era sceso al paese e non sarebbe tornato se non l'indomani.

Io trovai Lalla Rella, sola. Cantava una canzone giovanile e i suoi occhi brillavano. Non aveva ancor tratto giù la cena e stava davanti al focolare. Io ero entrato non visto e, un poco discosto, stavo a guardarla. Poi dissi: «Buona sera. Notizie belle, vero?». Oh, sì, notizie belle! Il nipote, Pedrino, le aveva scritto che sarebbe venuto in licenza; non determinava il giorno, ma la cosa sarebbe avvenuta assai presto. La vecchia mi porse la lettera; e che gliela leggessi, Difatti Pedrino scriveva proprio la bella notizia, Era a Cagliari, in fanteria; da un anno era laggiù e non aveva avuto prima di allora alcuna licenza.

Mangiammo nel piazzaletto come le altre sere. Poi Lalla Rella andò a dormire; ché alla mungitura aveva provveduto prima. Io non avevo sonno e presi per il viottolo del monte e giunsi al piede di un grosso pino contorto, che era lontano dalla capanna un trecento metri. Sul pino, molle e languida, mormorava l'aria notturna. Io mi sedetti e aspiravo il profumo delle resine e cantarellavo col mormorio dell'aria sul pino. Ora nel cielo di levante camminava la luna; una luna grande, bonacciona, pacifica. Le stelle intorno ad essa s'eran fatte pallide, e molte eran dileguate. Qualche grillo trillava. Il mio canto divenne nenia. Mi pareva che avrei potuto continuare così, su quel ritmo, senza stancarmi tutta l'eternità. Ma mi scossero, improvvisamente, certi acuti stridi di animali. Mi sentii ghiacciare il sangue e balzai in piedi. Gli stridi si fecero più frequenti e più acuti: dovevano essere prodotti da parecchi animali. Ma di che animali fossero non riuscivo in alcun modo a capire. Mi mossi e, guardandomi ogni tratto alle spalle, tornai con passo affrettato alla capanna.

Mi misi a giacere, come le altre notti, sul fieno; e Lalla Rella, pure sul fieno, dormiva più in là, separata da me da un tramezzo di graticcio. Sentivo il suo respirare un po' grosso, interrotto, a tratti, da brevi sospiri. Credevo che fosse desta e le chiesi: «Vi sentite male, Lalla Rella?». Ella si rivoltò sul fieno e rispose: «No». Poi tacque. Ma poco dopo, chiamandomi, mi disse con una strana voce: «Se sapessi! M'ero addormentata e subito sono entrata in un sogno... Ho sognato... Non posso narrarlo... Dio mio! Come i miei figli che tutti son morti giovani, anche questo qui, ho sognato... Ma non può essere, non sarà!». Io la confortai, che ai sogni non deve prestarsi fede, che è male; che Pedrino verrà a lei sano e bello; che confidasse in Dio.

Discorremmo a lungo. Lei, rifattasi tranquilla, si riaddormentò; e ora il suo respiro era regolare e non sospirava più.

Verso mezzanotte qualcuno giunse e aperse la porta, chiamando. Era Pedrino. Lalla Rella si alzò di scatto acclamando e battendo le mani. La stessa cosa feci io. Accesi un lume. Pedrino e la nonna s'erano già ritrovati nell'oscurità e ora la luce li illuminava strettamente abbracciati, e non parlavano. Io stavo in disparte, attendendo. Ma subito potei notare una cosa: Pedrino era magro e disfatto. Quando, dopo il lungo abbraccio, egli si staccò e si rivolse a me, io ebbi un brivido, poiché ricordavo il sogno di Lalla Rella. Egli aveva tempia accese e occhiaie incavate e distrutte. Mi porse la mano e tossì. Io strinsi quella mano e non potei astenermi dal cercare con lo sguardo, Lalla Rella.

Lei era lì in fondo, immobile, con la labbra chiuse e gli occhi fissi; e io sentii che faceva uno sforzo per non rompere in singhiozzi.

Pedrino mangiò, narrò molte cose, poi si sdraiò sul fieno accanto a me. Lalla Rella lo accarezzò sui capelli, quindi tornò al suo giaciglio, dietro il tramezzo di graticcio. Nella capanna tornò il silenzio. Ma poco dopo Pedrino, a mezza voce, mi domandò: «Dormi?». Io risposi che non dormivo. Allora egli cominciò a parlarmi piano, melanconicamente: «La nonna forse non si è accorta che io sono molto ammalato... I medici, al reggimento, non vollero mai prendermi sul serio... Solo quando dissi loro che mia madre e tutti i miei zii sono morti a questa mia età... Ma era tardi... Ora è finita...».

Io presi tra le mie la sua grande mano ossuta e non potei dirgli: «Coraggio», ma mi uscì detto: «Povero Pedrino!».

Egli si addormentò con la sua mano nelle mie. La capanna ridivenne, una seconda volta, silenziosa.

Ma a quando a quando da quel silenzio si levava, lieve lieve, un sospiro; era Lalla Rella che non dormiva. Né io potei riprendere sonno. Ascoltavo con uno stringimento di cuore quei sospiri. Poi essi si fecero più frequenti; e, quando lei credette che io e Pedrino fossimo perfettamente addormentati, cominciò a piangere; e fu un pianto sommesso e desolato e non cessò che allo spuntare dell'alba.

7. - Il record dei funghi

A sosta finita mi mossi dall'Uccelliera e passo passo salii verso quella seconda cima che è detta Bricco. Il sole meridiano, già assai piegato verso le sue oblique vie autunnali, colpiva di traverso; e le foglie degli agrifogli e gli aghi dei ginepri lucevano vivamente. Era quel sole che favorisce i pensieri calmi, che compone lo spirito in uno stato di pace attiva per cui è bello costruire, creare, e sentirsi a suo agio a qualunque cosa si miri o si ponga mano. Non è più il sole di luglio e d'agosto: allora gli occhi ti si chiudono e anche l'ombra dei castagni ha un suo fuoco distruttore, e i pensieri calmi non sorgono e la creazione bella non è possibile.

I funghi porcini, già così abbondanti al principio di questo stesso mese, ora erano cessati del tutto; ma v'erano dittole, galletti, orgioni, colombette, trulle, caprette e argaini. Delle dittole raccoglievo quella sola varietà mangereccia che è di un bel color rosa; ma lasciavo le gialle e quelle quasi bianche.

Forse nei trattati di micologia il nome di alcuni di questi funghi non si trova, perché sono termini del dialetto; ma i corrispondenti vocaboli scientifici o toscani stenterei a scriverli qui perché mi pare che toglierebbero alla mia terra un poco di ciò che è solamente suo. Mi pare anche — e forse è vero — che il colore e il sapore come qui i funghi dello stesso nome non l'abbiano in nessun altro luogo; e che non vi sia cosa più intimamente legata alla natura della sua terra di quanto siano essi. Mi avviene talvolta di fare il cammino di una o due ore su queste montagne e giungere dove i porcini e le caprette e le dittole e le colombette stento a riconoscerle; hanno un colore più chiaro e più aerato, il profumo

31

non e più lo stesso; e io rimango incerto prima di trarli su e farli miei. Ecco, sono bastate poche miglia per creare un distacco che della stessa cosa ne fa un'altra.

Nessuno dei funghi che ho nominato è velenoso; e hanno un gradevolissimo sapore, che in certuni, specie negli orgioni e negli argaini, vince per squisitezza quello dei porcini stessi. Ma hanno soprattutto il colore del bosco in questo suo progressivo mutare di tinte dal verde cupo al verde chiaro, al rosso, all'arancione e al giallo. Essi sono l'ultimo dono del bosco: un'offerta silenziosa, preziosa e pura; un profumo della terra: il tesoro di non si sa che immaginari geni buoni del monte; poi verranno le piogge, le brume e la neve; e tutto morirà.

Gli argaini nascono a belle famiglie, e nel loro terreno escludono ogni altra varietà di funghi. Piccoli, hanno la forma di capocchie di chiodi e sono aggruppati anche a cinquanta e più insieme. Ma le famiglie sono rare. Ogni autunno rinascono nello stesso luogo, e la loro vita è di otto o dieci giorni; e chi da quattro diecine d'anni è sicuro di ritrovarli ogni autunno allo stesso luogo, nella stessa formazione e nell'atto gentile della stessa offerta, si sente commosso da tanta fedeltà, così costante e cara.

Le capocchie da piccole e brune, si fanno in pochi giorni ampie e chiare; ma l'ampiezza non supera quella di una ciambellina da pasticciere. Il gambo cresce sottile e bianco. È bene mandarli in cucina freschi; e sono eccellenti, sia a funghetto che alla graticola. Anzi eccellentissimi, che a dire quanto piacciano e come venga naturale l'esclamazione: «Oh, buoni!», c'è da sentirsi dire ghiottoni.

Una delle due famiglie vive tra cespugli di faggio e di agrifoglio, e tiene uno spazio rettangolare con lati di venti e trenta passi ciascuno: è quasi sulla cresta e le sono limite dalla parte del monte due pini giovani e vigorosi. Vi sono alte felci ed ericastro robusto; e così il terreno è tutto rivestito. Ma l'altra famiglia è all'ombra dei faggi, in un terreno nudo e petroso. Le capocchie di questa seconda famiglia sono più scure e i gambi più solidi.

Sull'ultima pendice del Bricco, altra sosta. Il cestello era quasi pieno dei funghi così raccolti, ma io non ero soddisfatto; benché la grazia fosse stata tanta e quasi insuperabile. L'insoddisfazione veniva dal fatto che avevo sperato che almeno un porcino l'avrei trovato.

Attraversando la curva non fonda di un canalone, passai sul pendio della terza cima, che è la più alta e la più bella. Non giunsi tuttavia sulla vetta, ma scesi lentamente come fa chi ha l'occhio alla ricerca sul terreno. Tra le foglie cadute facevano capolino le punte rosee dell'ericastro e i tronchicelli nudi dei mirtilli. Trovai altre caprette e altri orgioni. Quest'ultimi erano nel pieno del loro rigoglio: così sani che davano gioia a vederli. In quanto a forma essi potrebbero avvicinarsi a una grande valva di ostrica; ma sono più appiattiti e più variati, quando non abbiano sovrapposizioni e appendici che li portano alle forme più impensate e capricciose; ma belle sempre. La parte superiore è castana scura con picchiettature verdastre, e l'inferiore è bianchissima. In commercio non ne vidi mai. Ma i contadini dicono di essi le lodi più ammirative; li tengono nell'estimazione a un livello superiore a ogni altro fungo: e forse sono nel vero. Nascono nel terreno nudo o sulla sponda dei fossatelli o in certe pieghe a conca, che furono un tempo il nido d'una ceppaia o lo scavo della pioggia. Ogni anno, anch'essi allo stesso posto. Io li vidi già dai primi passi dell'infanzia; so il giorno e l'ora della loro venuta; e so quale sia la loro parola. Non è mai che il cuore, al primo vederli, non dia un tuffo; e immediatamente tutti i pensieri si colorano del loro colore.

L'essere esclusi dal mercato è forse perché i compratori cittadini non sanno prestare confidenza alla loro forma strana e inusitata; alla quale applicano tutte le più paurose immagini di veleno e di morte a questi così cari e innocenti orgioni.

Giunsi in un folto di querce. Di qui piegando a sinistra mi diressi verso un dorsale rivestito di faggi fitti e non grandi, il quale produce quella varietà di porcini autunnali che noi chiamiamo bertoni.

Il dorsale era il luogo del *miracolo dei funghi*; e mi pareva, chi sa perché, che il miracolo si sarebbe rinnovato. Ci sono momenti nei quali ci pare che tutto sia possibile, anche quello che è fuori dal movimento naturale degli uomini e delle cose.

Con passi leggeri e col respiro sospeso mi avvicinavo al luogo; e camminava con me quel mio io fanciullo che un giorno vedeva operarsi qui i miracoli; e tanta era la suggestione, che io vidi scomparire tutti questi anni ed ero nello stesso stato di grazia di allora. Mi pareva anzi di essere sempre vissuto lì e di non essermene mai mosso. Come se *il miracolo dei funghi* fosse attuale e presente, mi pareva che laggiù in fondo alla valle la campanella del viatico sonasse come allora e io rispondessi: «Signore, eccomi pronto». E mi segnai, nel modo stesso di allora; e sentii tanta levità e letizia che avrei potuto stendere a modo di ali le braccia e salire a volo nell'azzurro.

Ecco che il miracolo si rinnovò davvero: ieri, alle ore quattro del pomeriggio. Nulla di più grande e di più bello io vidi mai. Era un porcino bellissimo, enorme, con un gambo cilindrico, alto, sano, grande che solo due mani d'uomo avrebbero potuto circuirlo; e un cappello così ampio che non è iperbole a paragonarlo a un ombrello. Il suo colore era di un rosso vino, bianco disotto. Un vero bertone di faggio. Di grandi così nella mia vita non ne vidi mai; né uomini più vecchi di me ne videro.

Anche la bilancia volle dire la sua parola: due chili e duecentocinquanta grammi.

Lo credo il record dei funghi.

8. - Prefazioni

Ecco che mi son portato molto lontano; e invece di una prefazione alla ristampa del *tempo di raccolta*, sto avviandomi verso qualcosa che potrebbe diventare, un libro nuovo.

Il *tempo di raccolta*, scritto fra l'ultimo novembre e l'aprile dell'anno in corso, vide la luce nella seconda settimana di maggio. Non aveva prefazione e l'edizione era bianca e povera. Quando me lo vidi partire così, con quell'aria tanto dismessa e con quella veste così miserella, sentii pena e avrei voluto richiamarlo indietro; ma era tardi. Qualcosa di simile, credo, sente il padre allorché un suo figliolo, povero nel vestire, senza lettere di raccomandazione e con pochi quattrini in tasca, varchi la soglia di casa e si avvii per il mondo.

Non già che il libro a me paresse tale da doservi posare su il pensiero come a quello che avrebbe tratto a sé lo sguardo di molti uomini. L'età dei capelli non più neri e la mestizia di questo tempo che ormai volge al tramonto e la rassegnata e quasi lieta rinunzia a chiedere al mondo ciò che non può dare perché non ha, mi sono scudo contro quelle illusioni alle quali tanto facilmente si abbandonano i giovani; e so verso che cosa dirigano i loro passi gli uomini e quali siano le opere per cui si sentano mossi a battere mano a mano e a levare alta la voce dell'evviva.

Il libro era umile non nella veste soltanto, ma anche nel suo procedimento interno; ma appunto perciò io lo sentivo più unito a me e più mio. Riaprendolo e incontrandovi Cecilia e Astrid e Flavia, e vedendo le capanne dei due boschi e la cara vecchia chiesa di Trevalli e la nuova, e la fontana dell'erboraio e il prigioniero e la casetta di Margherita e Viola Verdemonti e il suo laghetto ombroso e pacificato; io non ero preso da alcuno di quei disagi che sono così noti agli autori se, a pubblicazione avvenuta, riguardino le cose proprie; e se dicessi che non amassi tutto questo, direi menzogna. Più vivamente poi mi sentivo a mio agio nella luce di Firenze e nella nascita della primavera presso la capanna di Flavia e Fausto.

Che il libro non avesse prefazione potrebbe non parere un male. Le prefazioni non sono considerate necessarie, specie ad apertura di romanzo; dove la prosa, per sua natura chiara e distesa, è come una campagna aperta ed è agevole muovere per essa i passi ed orientarsi. Non è la versificazione ermetica per la quale occorre la chiave; che se questa manchi, tu devi rassegnarti a non comprendere affatto: per cui sorge il sospetto che il poeta, scrivendo, non avesse altra mira che quella di prendersi gioco di te. So di taluni che respingono senz'altro il romanzo che porti prefazione. La considerano un impedimento; quasi sentinella all'ingresso del campo chiuso. O, per contrapposto, ci vedono l'imbonitore: «Venite, leggete». E avviene che noi voltiamo le spalle agli imbonitori e ci dirigiamo invece verso colui che, esposta la sua merce, attende in silenzio.

Ma a me piace pensare la prefazione in altro modo; e, a ben considerare, quella che penso io, non è neppure tale. È un'altra cosa. Scrivendola cerco di dimenticare persino il libro che la seguirà. È uno scritto che sta a sé e procede con un andamento suo. È quasi un riposo: è un'amichevole conversazione col lettore immaginario: è un divagare, un dar libero corso alla penna e, anche, un confessarsi un poco.

9. - L'opera d'arte

Il libro ha avuto inizio impensatamente, per uno di quei giochi dello spirito a cui non saprei dare un nome.

Preso dall'idea che non provvede bene a sé quell'autore che non sa cessare al momento opportuno, e colpito dallo spettacolo di scrittori un dì vigorosi e ora imitatori di se stessi, ero entrato nel proposito di non mettere più mano a cose nuove. Di libri mi pareva di averne già scritti anche troppi.

Non ero però ancora così innanzi negli anni ch'io non avessi potuto rivolgere la mente a un'attività di altra natura; e aggiungo che a una sentivo un richiamo tanto forte che a dirlo rischio di non essere creduto; né so veramente se al richiamo stesso potrò mai rispondere: «Eccomi pronto».

Brevi sono i nostri giorni mortali; e mosso che tu abbia i tuoi passi per una via e che alquanto ti sia internato in essa, tanti sono i fili che ti legano che lo strapparli e il fare il cammino a ritroso è quasi come se uno volesse risospingere il sole al punto donde stamane è sorto.

È un fatto tuttavia che or sono pochi giorni e un uomo di nome Ciccian dissodava un terreno; e io passavo e mi trattenni.

Ciccian moveva con garbata destrezza la sua zappa, la quale aveva liscio il manico e forbiti come un'arma bianca i denti. Sentii non so che commovimento e presi dalle mani dell'uomo la zappa e cominciai ad affondarla nella terra compatta e vergine; e quasi che il tempo non fosse passato e ch'io non avessi mai interrotto il maneggio di quell'arma forbita, anche in me erano garbo e destrezza. Ma v'era di più: che sentii un reale godimento, e mi pareva che avrei potuto continuare così fino all'ultimo dei miei giorni.

Era il richiamo. Udivo la voce della terra: «Oh, da quanto ti aspetto!».

Ma allora ebbi anche la rivelazione che non tutta l'arte è racchiusa in quelle forme note e classificate alle quali si favoleggia che presiedano le muse; e che è arte in sostanza ogni forma di lavoro manuale che richiegga, per la sua conquista, destrezza, intelletto e inclinazione. Il primo posto tiene l'opera della terra che di quante l'uomo conosce, è la più delicata, la più varia, la più ricca e suscettibile di armonia e di sviluppi geniali e impensati. Ed è facile credere che sia così, quand'anche si pensi che collaboratrice dell'uomo è la terra stessa; la terra viva, docile, pieghevole, mutevole, che oggi non è più quella di ieri, e domani non sarà più quella di oggi; e l'uomo piega se stesso alla sua mutabilità.

Quando io spiano il mio campo e apro i miei solchi e disegno le mie aiole; o quando sul fianco del monte sradico gli sterpi e scavo e costruisco terrazzi così ordinati, così a curve e paralleli, e ogni zolla sente le mie mani; quindi vedo che quello che era fianco di monte brullo e sterposo, comincia a verzicare, e si copre di filari di viti e di pomi, con sponde erbose, fiorite e leggiadre: ebbene, io non so rinunciare all'idea che le mie mani abbiano compiuto opera d'arte.

La macchina non avrebbe potuto compierla. Soltanto la mano può: la mano con le sue nervature, con le sue articolazioni, col suo sangue che le viene dal cuore e con la pieghevolezza che le viene dall'intelletto; e sangue e pieghevolezza passano così dalla mano allo strumento e dallo strumento alla terra, in una fusione dove nessuno giungerà mai a separare gli elementi che l'hanno costituita. Che altro è l'opera d'arte?

Né è a credere che la mano perché di carne e ossa, quindi fragile e umana, possa dar meno frutto della macchina. È vero il contrario. Quello della macchina, a volerlo bene considerare, non è nemmeno frutto: sono prodotti, oggetti: quasi imitazione dell'opera d'arte, come avviene di un quadro che è unico, ma di copie ne puoi tirare mille o centomila.

Non sono più il quadro, ma copie, solo copie fredde e assenti.

10. - Martellate sul muro

Era in me un piano che mi pareva studiato anche nei particolari. Dei volumi del passato avrei dato opera per una ristampa; e così, cinto di siepe il mio orto letterario e chiuso l'ingresso, avrei avuto riposo.

Nel piano v'era anche il numero dei volumi che doveva essere di venti. Ognuno avrebbe avuto la data della stesura e quella della pubblicazione: ciascuno sarebbe stato preceduto da una di quelle prefazioni per le quali sento la simpatia di cui ho detto sopra.

Pregustavo la gioia di non essere più tra coloro dai quali si attende sempre il volume nuovo; e ti chiedono: «Che cosa sarà?». E se tu rispondi, essi ti domandano ancora: «E, dopo, che cosa preparerai?».

Avrei detto: «Non preparo più nulla».

V'è un sollievo in queste parole; senza ripetere ciò che ho già detto sopra che un autore provvede bene a sé e al suo nome quando sappia cessare al momento opportuno, limitando il numero dei suoi scritti.

Avviene di molti che quello che edificarono nell'età piena, distruggano poi con le loro stesse mani: perché la vigoria nelle pagine tardive manca, ma vi appaiono bene le inteleiature, i puntelli, la stoppa e quasi il trucco; così che le pagine tardive gettano il discredito anche sulle anteriori e fanno pensare: «Che forse non fosse il trucco anche là?».

E così i lettori sono portati a grattare, a scalfire, a martellare su quei muri che erano parsi di una compattezza a tutta prova; ed ecco che se anche il trucco non vi si riveli, rimangono le scalfitture e le martellate; e i muri non sono più quelli. La stessa cosa avviene se tu vedi un volto giovanile, bello e piacevole: vi trovi tutte le perfezioni. Ma se accade che sopravvenga un vecchio della sua famiglia e sia grinzoso e con lungo naso, e parlando sbavi, e abbia occhi smorti e pecorini; tu anche reagendo e dicendo a te stesso: no, no; sei portato a porre tutti quei difetti sul volto giovanile, e quello che prima ti piaceva, ora non ti piace più.

11. - La veste d'oro

Sarebbe stata mia cura tuttavia presentare quei libri per i quali era già corso l'annunzio: «Di prossima pubblicazione»; e, con essi, altri per i quali l'annunzio non era corso mai; ma che in qualche parte esistevano e che, pur sbiaditi ormai dal tempo, avevano tenuto desto su di sé il mio spirito per anni interi.

Bosco Appennino e la sua leggenda erano in primo piano. Lidia pregava: «Perché tardi tanto?». E prega tuttora: «Or su via; affrettati». Prega così dalla sua casa della montagna e da quella della valle dove vive in attesa. S'io non la traessi fuori, sarebbe come se la lasciassi prigioniera per sempre; e sarebbe colpa della quale non saprei assolvermi mai.

Fischia sul tetto della casa della montagna il vento e nella valle corrono impetuose le acque gialle del fiume; e la mia prigioniera, chiusa nella sua camera solitaria, tende l'orecchio e piange. Ma le sue lacrime cesserebbero improvvise quando l'uscio della camera si aprisse e la prigioniera udisse queste parole: «Or va. Ecco la tua libertà». Io solo ho la chiave e solo io posso pronunciare le parole.

Quanto trillare d'allodole, dopo, nell'azzurro del cielo! E quale mormorio di acque chiare nella valle!

Alcuno asserisce che colui che scrive, non debba amare le sue creature; e che colui che le ama, non può non fare che opera debole e imperfetta. L'amore sarebbe un elemento disgregatore e accecante; e agirebbe press'a poco come nella madre che ha un piccolo mostro di figliolo e lo copre di baci e lo proclama il più bello e il più caro dei bambini.

Se così fosse, Lidia sarebbe colpita in pieno, perché io l'amo:

vivo della sua vita, penso col suo pensiero e scinderla da me non posso. Non cade su di me raggio di luce che per riflesso non cada su di lei, non passa onda di gioia o nube di tristezza che ad un tempo non avvolga lei e me. Né mi è possibile mutare; e Lidia passerà con questo peccato d'origine, ammesso che sia peccato.

O non piuttosto erra colui che nega l'amore fra quello che crea e la sua creatura? Nel tempo, almeno, della creazione; ché, dopo, i rapporti potrebbero farsi altri. Non è possibile pensare che esista cosa in ogni parte buona se non abbia le sue radici nell'amore; e pare che fuori di esso non sia che ammasso informe e approssimativo.

Era la stupita età dell'adolescenza, e lettura di ogni giorno erano le vite dei santi; e allora appresi che qualunque cosa tu faccia, hai a farla con letizia e amore. E se l'opera che ti è proposta, non paia di tuo gradimento, tu studiati di modificare te stesso di fronte ad essa e non aver pace fino a che non sia nato l'amore che te la renderà dilettevole e fors'anche bella. Apprendevo così che l'amore è educabile come la volontà, la pazienza e ogni altra virtù.

Ora quale più alto amore di quello di colui che non spinto da alcuna forza esterna, ma soltanto dal suo impulso interiore, dà vita a creature che come lui pensano, agiscono, amano e soffrono? Sorgono così a poco a poco: prima deboli e incerte, poi diritte e solide; ma ognuna si volge a te e dice: «Sono tua».

Tua; e non nel senso della carne e del sangue, ma in quello più alto dello spirito; perché le creature nate così vivono di una vita anche più piena di quelle che un giorno, chiamate da morte, dilegueranno. Per quelle del tuo spirito l'ora della morte non sonerà; ma anche quando tu stesso non sarai più, esse vivranno ancora, testimoni perenni del tuo passaggio quaggiù.

Dicendo: «alcuno asserisce» è presente al pensiero quegli che dette amorosa vita angustiata alla donna che prende il nome dallo sposo Bovary; e affermava: «Io non l'ho amata mai; ne sentivo anzi avversione». Affermava anche: «Di fronte a lei ero simile all'uomo di scienza: vedevo, studiavo e annotavo».

Se non proprio queste le sue parole, questo il senso di esse.

Sorse di qui una scuola che delle affermazioni fece suo credo d'arte.

L'errore sta in questo: che per amore non è da intendere che egli assentisse ai disguidi mentali della sua donna e assolvesse i suoi tumulti di cuore e applaudisse ai suoi miraggi di un mondo scintillante e vano; ma è da intendere che guardò con pietosa arrendevolezza la donna che era nata in lui così: non amò lei persona, ma amò l'idea di un tipo di cui lei gli dava l'esempio con una successione di azioni che gli erano necessarie perché l'idea si adeguasse alla realtà. Così egli la seguì per la sua sdrucciolevole via, le dette volto, parole, sospiri, speranze, lacrime, incubi, esaltazioni e disperazioni; e per trecento pagine la rivestì d'una veste d'oro: veste d'oro anche quando il cuore di lei era vuoto e i ragni vi tessevano la trama delle loro tele oscillanti. Quanto lei vede e tocca, pur così povera qual'è e perduta, è vivo che anche tu lo vedi e lo tocchi. E passano gli anni: polvere è l'autore, polvere sono le cose reali alle quali egli volgeva gli occhi ad ispirarsi; ma fresche sono le erbe rugiadose che lei calpesta nei torbidi mattini dei convegni al castello, vivi sono i venti della prateria, viva la Rondinella, vive le campane di Lestiboudois; e così i barattoli di Homais, gli incantati stupori di Giustino, la gamba amputata, testimonio quotidiano dell'inettitudine di Carlo, le lettere di Leone e le cambiali del mercante avido e losco. Tale vita non sarebbe stata possibile se l'amore non vi fosse stato: amore che non trascura neppure le comparse più minute; e lo senti nella progressione del racconto, nella giacitura del periodo, nella collocazione stessa delle parole e persino in una virgola e in un accento: l'amore, in una parola, del creatore per le sue creature.

Le quali non sono nemmeno come quelle del pittore o dello scultore, che alle creature dà, sì, vita; ma la tela e il marmo son pur sempre cosa materiale. Chi scrive entra nell'anima stessa; cioè mira prima che a ogni altra cosa, all'anima. Egli crea non i corpi soltanto, ma le anime; e le fa muovere non dall'esterno, ma dall'interno così. Perciò è tutto un succedersi di posizioni spirituali, di idee, di sentimenti; e l'anima, che nell'uomo che ti passa innanzi stenti a vederla, in quello della creatura così ritratta, la vedi in pieno e ti piace o ti ripugna più e meglio che se esistesse realmente. Ora quando uno dovesse compiere tutto ciò senza sentire lui l'amore, senza essere lui stesso, in un certo modo, fuso con la sostanza viva della sua opera, ora quest'uno parrebbe non essere neppure uomo, ma di una categoria di esseri ai quali non sarebbe facile dare un nome.

12. - L'orto aperto

Col pensiero di ordinare trassi a me un pacco di carte del passato e lo sciolsi: conteneva fogli sparsi, abbozzi, ritagli, piccoli racconti e poesie.

Mi colpirono alcuni foglietti di una scrittura quasi recente e mi stupii come fossero fra quelle carte di un passato già remoto. Vi era usato un inchiostro che da solo un anno è entrato nella mia casa; perciò mi impuntai e volevo ricordare in quale giorno li avessi scritti. Ma la memoria, pur ricordando con vivezza il fatto che aveva dato alimento ai foglietti, non ricostruiva non solo il giorno, ma neppure il mese di quella scrittura. Come se non fosse mia. Ne lessi il titolo: «Il manoscritto perduto». Giunsi in fondo alla prima pagina e passai alla seconda: vi trovavo espressioni vitali; e pensai di ricopiarli. L'operazione del ricopiare avrebbe richiesto un paio d'ore; e frattanto, tenuti fuori i foglietti, rilegai il pacco e lo ricollocai a suo posto.

Cominciai subito la ricopiatura; ma non ero giunto alla decima riga che sentii quanto la materia fosse calda e attuale. Avvampava tutta. Così mi si ampliò. Procedette per una sua lunga e complicata via, e mi tenne curvo non per le due ore di quel giorno, ma per settimane e mesi: dal novembre all'aprile.

Altro che pochi foglietti da ricopiare in due ore!

Tanto che ora sono preso da tremore ogni volta che penso all'ordinare. Il pacco di carte del passato non è uno solo; perciò se li sciogliessi tutti e per ogni abbozzo mi accadesse la stessa cosa, addio idea di chiudere l'orto nel giro di pochi anni: ma mi sarebbe di necessità pensare a un tempo così lontano che la più lunga vita d'uomo non basterebbe.

Io me ne andrei con questa insoddisfazione di non aver chiuso; e sarebbe quasi come se non avessi fatto nulla.

13. - Le ore bianche

Quando dico giorni, settimane, mesi, non sono da intendere le intere giornate, le intere settimane e gli interi mesi. Lo scrivere non occupa che poche ore del mattino. Talvolta è un'ora sola. I pacchi di carte sono nati tutti così.

Sono ore care e bianche alle quali penso come a creature vive. Generalmente non sono più di due: l'una precede e l'altra segue l'avemaria. Allora la mente è chiara e il cuore è lieto. I pensieri sgorgano quasi felici. Nessuno di essi è duro e triste. Come sarebbe possibile a quell'ora? Lo spirito, poiché ogni mattino è come la rinascita del mondo, è disposto ai disegni sereni e alla speranza,

Forse vi ha la sua parte anche quel suono dl campana; o forse corre per l'atmosfera un fluido che dispone così.

Comunque sia, mi avvedo di essere giunto a pensare che le pagine degli scrittori che mi sono particolarmente gradite, siano state scritte nelle ore del mattino; e che quelle che dan peso e non si sa perché siano state scritte, abbiano avuto origine in altre ore.

Né è merito in me. È un dono che sul nascere mi trovai sull'orlo della culla. Come altri vi trova un titolo di principe o un sacchetto d'oro, io ebbi le ore del mattino. Erano discese a me dalle generazioni che mi precedettero; e amerei che non si arrestassero, ma che fossero ereditate dalle generazioni che mi seguiranno.

Nulla avrei scritto se queste ore mi fossero mancate. Il giorno pieno non è fatto perché uno sieda a un tavolino e scriva. Allora la rondine spazia per il cielo: i rondinotti del nido attendono il cibo e infaticabilmente la rondine lo va cacciando.

Ogni mattino allo stesso modo, foglio sopra foglio; e quando il mondo si ridesta e il moto torna per le vie, tu ti scuoti e ti prepari a uscire. I fogli scritti rimangono; ma riporti con te un calore che ti viene da essi, un senso di letizia, un impulso a operare, una levità come è di chi abbia lasciato una cara parte di sé che potrà, volendo, riprendere sempre. O forse di più e di diverso: una persona amata, dalla quale sa di essere atteso; e nel palmo della mano porta il ricordo dell'ultima carezza e sulle labbra l'impronta dell'ultimo bacio.

Viene l'altro mattino e ti ritrovi davanti gli stessi fogli. Per esser loro più unito, cominci a ricopiarli. Ma sei un pessimo ricopiatore. Non sai. La mano va da sé perché nuovi pensieri sono sorti e nuovi affetti li avvivano. Il primo foglio, quello di ieri, ti è diventato tre o quattro o dieci. E anche stamane, venuta l'ora, ti scuoti e ti avvii portando nel palmo della mano il senso dell'ultima carezza. Riprendi il terzo mattino e il quarto e il quinto e così via; e il mondo ignora i tuoi convegni prealbari che sono la forza e la delizia della tua vita.

14. - Gli omaggi di libri

Il piccolo libro ha fatto il suo cammino in questi mesi e copie negli scaffali dei librai non ce ne sono più. Un poco ne stupisco io stesso, perché nessuno o quasi l'ha annunziato al suo apparire; né la colpa fu di altri, ma mia.

Fu questa: pregai che non fosse mandato in omaggio a nessuno.

La cosa ha la sua ragione nel fatto che non so liberarmi dal pensiero che l'autore il quale manda il suo libro, tenga del presuntuoso. L'omaggio è un dono. E il dono ha da essere sempre cosa bella, buona, preziosa e utile. L'autore che manda, ha in sé come presupposto che nel suo libro siano tutti attributi suddetti. Né basta: fra il donatore e il donato ha da essere mutua comprensione. Non si dona a un lontano, ma a un vicino; e che sia presente, se possibile, e che gli si legga negli occhi la gioia del ricevere. Il figlio dona al padre, il padre al figlio: lo sposo alla sposa, il promesso sposo alla promessa sposa, e questa a quello: è un pegno, un legame: espressione d'amore, sempre. Né tutti i momenti sono propizi: il dono vien fatto nel giorno di festa, nell'ora di un patto per la vita, a una partenza, a un ritorno; o quando gli occhi e le parole non bastano più a esprimere l'amore, e pare che esso soltanto possa.

Ma l'omaggio del libro giunge con la posta, confuso con lettere d'affari, con bollettini e cataloghi e giornali e richiami d'ogni sorta. Non era atteso. L'autore era ignoto o quasi. Su cento volte, novanta è omaggio non desiderato; e non perché tu dispregi colui che come te scrive e compone i suoi libri, ma per altra ragione. L'opera è di cento, duecento o cinquecento pagine; e tu pensi che dovrai o dovresti leggerla. E non così superficialmente, come un

49

riposo o una divagazione dello spirito; ma attentamente, appuntando, segnando e giudicando. Perché l'omaggio ha come fine non solo la lettura, ma anche il tuo giudizio che tu ti dovrai prendere cura di inviare per lettera all'autore. Né è la fine; perché, secondo il segreto intendimento dell'autore, tu sei tenuto a comunicare il giudizio stesso al giornale amico o alla rivista di cui tu sei collaboratore.

Ecco qui dunque: questo candido omaggio farà sue per otto o dieci giorni quelle ore che tu avresti desiderato più tue. Certe giornate di scontrosità e di buio sono create, senza che tu te ne dia conto, dagli omaggi che a casa attendono e reclamano che tu ti metta al loro passo.

Ciò nell'ipotesi che tu possa realmente leggere; perché una risposta vorresti darla. Tu non sei sgarbato: conosci le leggi della creanza. Né vuoi rispondere senza aver letto: la tua penna si rifiuta di scrivere le frasi convenzionali. Quanto scrivi, ami che sia sostanza. Il tuo calamaio, sarebbe lecito il dire, è il tuo cuore stesso. Poni dunque il libro da parte, pensando appunto così: che leggerai domani o domani l'altro: quindi scriverai.

Ma, ahimè, con la posta di domani, giunge un altro libro, quando non siano due o più; e dopodimani è la stessa cosa, e il terzo giorno e il quarto ancora. E allora ti si affaccia il sospetto che forse non ne leggerai neppure uno; anche perché i libri da leggere ami sceglierteli da te e andare tu stesso alla libreria ad acquistarli; e mentre varchi la soglia della libreria ti avviene di pensare anche che, sia per caso o vi sia una misteriosa ragione, di libri che ti darebbero letizia quali omaggi nessuno te ne manda mai; e pensi altresì che quando un libro sia veramente bello, disdegni di essere spedito insieme coi giornali e le lettere di affari.

Né il ragionamento è finito: la tua natura ti porta a questo, che oggi ti fa incline a un genere di letture e domani a un altro; e gli omaggi giungono sempre in contrasto. Oggi ameresti una lettura amorevole e riposata, e l'omaggio è frastuono di tamburi che scuote i tuoi nervi: domani sei portato a pagine ferme, di chiarezza scientifica, e l'omaggio ha oscillamenti di pensiero che danno il capogiro.

Passano frattanto i giorni e all'autore tu non rispondi. Così da oggi tu hai in lui uno che diffida di te: egli con gli amici parlerà di te con espressioni acerbe e se potrà nuocerti, lo farà a cuor leggero.

15. - I dieci e il loro capo

Il fatto che ti si possa nuocere, chiama al pensiero un tipo di letterato che forse esistette in ogni tempo; ma che tuttavia si direbbe precipua creazione di questo secolo nostro. Forse è cagione la commerciabilità della carta stampata, e il complesso balenare d'interessi che ad essa è legato.

È un personaggio non ben definito; e sta fra l'editore, il giornalista, il critico e lo scrittore. Ma non è nulla di tutto questo. Egli è sorto su da un terreno che è ai margini della poesia; anzi addirittura fuori di essa; ma della luce che la poesia spande, non vuole essere privo. Così: poiché ha veduto come la poesia possa portare vantaggi di nome e di prestigio, e poiché anche a lui è noto come si scriva una pagina o un libro, così è entrato nel proposito di trarre partito da quel nome e da quel prestigio per salire ai posti ai quali altrimenti non sarebbe salito mai, e di ricavarne tutto quel bene che essi possono dare. Non gli turba i sonni il pensiero di non possedere alcuna di quelle doti che sono proprie della poesia. Gli basta essere potente più che se le possedesse.

Dall'alto egli assegna onorificenze, distribuisce premi e conferisce seggi. Pericolo è il farglisi contro più che il contrapporsi a un'autorità costituita. È abilissimo a mettere in luce i dieci amici; e nessuno meglio di lui conosce l'arte di coprire di silenzio i pochi che gli danno ombra. Se parte, gli amici fanno ala all'ingresso della stazione; se ritorna, essi sono ad attenderlo nella formazione stessa, quasi che in tutto il tempo non si fossero mossi. In ogni città ha seguaci. Non giunge mai incognito in nessun luogo.

Ma come il posto per gli uomini politici è precario, così è il suo. Egli sente rumore ai piedi del suo seggio e sa che con la stessa facilità con cui è salito, potrebbe essere tratto giù. Pensa oscuramente di sé di essere l'usurpatore; perciò dorme con la corazza al petto e con la spada a lato. È una fatica da Ercole; ed egli che Ercole non è, di necessità un giorno deve cadere.

Così il suo posto è preso da altri. Con la caduta scompare anche il suo nome. Ma nel tempo del suo potere pareva che nessuno, all'infuori di lui e dei suoi amici, potesse avere cittadinanza nelle lettere patrie.

Il capo di oggi segue, a suo modo, le orme di quello di ieri. Solo, ecco, sposta un poco i termini. La fazione è nuova: i nomi sono altri, che tuttavia non valgono più dei primi.

A questo modo sorgono quelle scuole che sono destinate a scendere, l'una dietro l'altra, nella dimenticanza. I fondatori di esse sopravvivono: superstiti testimoni della propria morte.

16. - È il tuo spirito stesso

Non vi sono punti da conquistare né azioni da guidare. Questo appartiene alla debolezza che si puntella con la debolezza. Le lettere ignorano altre informazioni, i seggi e le rendite; cose estranee alla loro. Sono solitarie e povere. Camminano scalze e non siedono alla mensa dei ricchi. Si alimentano dei cibi semplici e comuni. Bussano alla casa più di umile. Il loro devoto è lì. Nulla è che dica: «Questa è la casa del loro devoto». Egli non ha cura di capellatura, non cura di vesti, non di cravatta colorata e svolazzante: ché anche questo è della debolezza e si puntella di colori e vesti: debolissime cose. Lo straniero che passa non è portato a levare gli occhi e dire: «Silete. Domus eius haec![2]».

Ognuno esprima se stesso e cinga di siepe il suo orto. Esprimendo se stesso egli esprime gli uomini tutti, nell'essenza più viva e immortale. Non v'è altro da fare. Chiuda gli orecchi ai canti delle sirene. Oh, sono dolcissimi canti, è vero; e bellissimi sono i volti delle cantatrici; e tante sono, e a ogni svolto di via: «Vieni con noi! Ti faremo ricco e potente. Avrai come premio noi stesse. Vieni». Chiuda gli orecchi e gli occhi, e passi oltre. Un indugio, un momento di concessione, è quasi sempre la morte. La via delle lettere è seminata di morti così.

Non chieda alle lettere neppure il suo pane quotidiano. Non danno pane. Spirito sono, e non pane. Chi lo chiese mai alla preghiera e all'amore?

Chi leva la voce e grida: «Eccomi, eccomi!» non è fatto per esse. Chi fende la folla coi gomiti e urla: «Largo largo! passo io!»

---

2 Silenzio. Questa è la sua casa!

delle lettere non è che il giocoliere e il distruttore.

Il devoto è sommesso e taciturno. E più sommesso e taciturno egli è, più esse gli danno. Meno chiede, più ha. Quanto più riceve, tanto più cresce in lui la capacità di ricevere. L'umiltà è la sua potenza. L'ombra, il suo eroismo. Perché egli è strumento, e lo strumento non disse mai: «Io io!». È il turibolo; e v'è il fuoco, e i profumi si diffondono e salgono; e il turibolo non disse mai: «Il profumo ed io siamo la stessa cosa».

Esse lo amano così. E così gli sono generose, fedeli, costanti. È il loro diletto. Non lo lasciano mai. Sono le api sollecite: colgono il miele di tutti i fiori per deporlo in lui. Ma anche la sua devozione ha ad essere costante, umile e senza deviazioni. Un nulla l'appanna. Ogni minuto egli deponga il suo grano d'incenso: sia d'ogni minuto la richiesta di lume, di grazia, di chiarità, per più salire, per più penetrare: dove lo splendore è tanto che mille soli non lo vincono.

Il conquistatore di posti ignora che esse non sono per lui, ma lui per esse. Ignora che quando avesse dato fin l'ultimo spicciolo, nulla avrebbe dato ancora. Né se avesse dato fin l'ultimo goccio di sangue. Ignora che è necessario essere come il santo: non aver nulla per sé. Le mani del santo sono vuote, perché di tutto si sono vuotate. Un nulla che egli avesse trattenuto per sé, sarebbe catena capace di legarlo come Prometeo alla rupe. Ignora che le lettere sono consolazione. Ma non consolazione per sé, sì bene per gli uomini. I quali non gli chiedono indulgenza alla loro fragilità, non battere di mani alle loro cadute, non carezze ai loro vizi, né lazzi per i loro giochi: ché a ciò bastano i buffoni e i mimi. Gli chiedono ben altro. Le lettere precedono, non seguono. Sono le annunziatrici, non la turba che all'annunzio si raccoglie. Non sono il documento della fragilità, delle cadute e del vizio: sono la chiamata alle vittorie future. Il devoto è il vaticinatore. Egli vede di là della montagna: dove gli uomini non vedono ancora. Traccia la via dove gli uomini si metteranno. Gli antichi gli davano nome di vate; ed era nome che gli si addiceva. Noi provvedemmo male a noi stessi lasciando che esso cadesse in disuso.

Tu sei nella tua casa e hai davanti a te la tua carta bianca. Non è rigata e non ha marginature; è, sì, in ogni parte, bianca. È quasi come il vuoto, come la trasparenza dell'aria che tu riempirai. E qui hai la luce che è in te e hai l'amore che è in te: scintille della luce e dell'amore universali. Ora il lungo studio e la devota attesa ti hanno aperto la via all'espressione; e quanto è nel tuo pensiero, si distende in chiarità; e così la luce e l'amore scendano nella carta bianca e siano per tutti. Tu sai che oltre le pareti della tua casa, gli uomini attendono in silenzio, e dentro di sé pregano: «Iddio benedica te e l'opera tua».

Sorge quindi il giorno che la carta non più bianca è in loro possesso, e passa così da mano a mano: gli usci le si aprono e lei entra così nelle case. Entra con l'aria fresca della campagna e col profumo dei fiori nuovi; e tu sai che non è carta e non sono parole: è il tuo spirito stesso.

17. - È nato qui!

Nei progetti del tempo che precedette lo scrivere, trovò posto anche questo: che io avrei composto un giorno i miei libri, ma sarebbero rimasti inediti. Essi avrebbero veduto la luce postumi. Il progetto era sostenuto da puntelli ragionati e solidi. Credevo di vedere come non altrimenti che così uno avrebbe potuto esprimersi a pieno; e come colui che scrive per un pubblico che attende non sia mai del tutto libero e che un poco ai suoi lettori debba sempre concedere. Né è tutto: ché l'opera stampata porta quasi sempre ad essere schiavi di essa, in modo che le opere successive non possono non tenerla presente, ed è perciò un binario dal quale non è facile uscire.

Allora, per l'inesperienza, mi era ignoto come l'opera inedita sia soggetta a un rapido inacidimento; e come, per questo, di una non so quale acidità venga penetrato anche lo spirito dell'autore. Ma la stampa è liberazione e stimolo. Se i nati della rondine non s'affrettano a lasciare il nido, la covata successiva non potrà avvenire.

La stampa è anche collaborazione; e collaboratori sono quanti aprano il libro e leggano. Essi dicono come possono la loro lode o, se è il caso, il loro biasimo; ed è sempre ammaestramento quella e non meno ammaestramento questo.

Fare assegnamento sul tempo che verrà è defraudare il tempo nel quale tu vivi. Al tuo tempo, poiché è il tuo alimentatore, sii grato e alza su di esso la tua bandiera, perché gli uomini possano riconoscerla per loro e seguirla. Che sai tu degli uomini che verranno? Ad ogni modo abbi pace: ché se la tua bandiera è intessuta di fine seta e di ottima tempra sono i suoi colori e se i migliori sono quelli che l'hanno riconosciuta per loro, anche nel tempo che verrà essa sarà fiamma nel sole e anche allora i migliori la seguiranno.

Ma questi pensieri non esistevano ancora al tempo del progetto. Al quale pensavo così fermamente che è da stupire come poi disponessi di me e delle mie cose in maniera tanto diversa.

Conobbi in una piccola città un giovane già oltre i trent'anni il quale faceva suo studio l'esaminare i casi degli amici che avessero moglie: e non vedeva un solo caso nel quale la donna fosse adatta allo stato e alla natura dell'amico; e soleva dire: «Io non mi sposerò mai. O se un giorno sentiste voce che mi sposo, siate pur certi che sarebbe soltanto per condurre all'altare la più bella, la più cara, la più onesta e la più doviziosa delle fanciulle».

Non trascorsero due mesi; ed egli si impigliò in una misera Claretta, la quale non solo non possedeva alcuna di quelle quattro doti, ma suoi, almeno delle prime tre, erano i difetti opposti. Non può dirsi che fosse suo anche il difetto opposto alla quarta dote, per il solo fatto che la povertà non è difetto.

Tutte le quattro doti io dovetti trovarle nei primi versi che mi vennero fatti; e così, prima che la malia fosse cessata, il libro fu stampato.

Gli occhi mi s'apersero all'improvviso, quando l'inchiostro del tipografo non era ancora rasciutto. Allora arrossii come arrossisce chi senta di aver commesso colpa che degrada. A quanti incontravo, volgevo la parola con umiltà, quasi li avessi offesi in qualche cosa e dovessi chiedere perdono. Pochi lessero, è vero; ma bastarono per diffondere quel gelo dal quale mi sentivo preso ed avvolto. Le voci mi giungevano tutte. «Sai? Egli ha detto così!». Egli! Chi era egli? Uno dei pochi: un uomo autorevole e degno al quale io stesso avevo portato il libro. E che ha detto? «Che una vita anche di cent'anni non basterebbe a tergere la macchia. Se almeno, dice, ti fossi messo al sicuro con uno pseudonimo. Perché non lo facesti?».

Rispondevo che non m'era venuto in mente. Tante cose dovrebbero venire in mente al giovane! Ma se venissero egli non sarebbe più tale; perché uno non matura se non dà del capo a tutti gli spigoli.

60

Giungevano altre voci: «Sai? Egli ha riso. Come rideva!».

Egli! Un altro egli! E rideva anche l'amico, riferendomi. Ma io sanguinavo. M'ero fatto magro e pallido. Mai nella mia vita fui più distrutto di allora. Il fuoco della malia che nei giorni dell'esaltazione aveva intaccato i tessuti anche più vitali, ora non si lasciava addietro altro che ceneri.

Le copie, non osando io né darle alle fiamme né aprire una buca e seppellirvele, finirono melanconicamente in un solaio. Più tardi qualcuno la forza di osare la trovò; perché un giorno nel solaio non le vidi più e nessuno mi disse mai come esse fossero partite né io mai feci indagini per venirne a conoscenza. Tuttavia non potevo entrare in alcuna casa senza che una copia non la vedessi sempre; e pregavo che me la togliessero dagli occhi e ogni volta si rinnovava la sofferenza.

Occorreva dunque riparare; e sollecitamente, perché io non potevo e non volevo portare oltre, legata al mio nome, quella cosa che mi distruggeva. E per riparare non vedevo altra via che quella di mostrare come io avrei saputo far meglio.

Se non che la sollecitudine fu soverchia, tanto che anche il secondo frutto cadde prima che il sole avesse avuto modo di tingerlo d'oro e che i succhi avessero addolcito la polpa.

Ahimè, la riparazione non l'avevo data e il male, anzi, era aggravato; specie perché il secondo libro ebbe qualche rinomanza e percorse l'Italia.

Non era giunto ancora quel momento nel quale fra lo spirito e la materia è intesa piena: allorché ogni cosa che tu faccia, è proprio quella che volevi fare. Vi sono opere della mano che sai fare: tu mieti, poti, falci, zappi; ed è adeguazione perfetta fra te, la falce, la potatrice, la zappa e la materia terra, albero, erba, frumento. L'erba cade davanti e la falce stride dolce e monotona. Tu volevi così, ed è così. Chi ti vede, e i tuoi movimenti son regolari e armonici, dice: «Non fatica, ma gode. È un gioco bello il suo lavoro». E così è. Anche la penna per sé, sì, moveva: ai periodi, alle pagine e persino ai libri, sì, si adattava; ma un elemento, un *quid*, una cosa da nulla, che pure è tutto, mancava: l'adeguamento, qui, fra la penna, te e la scrittura in quanto periodi, pagine e libri non erano sufficienti: occorreva quel quarto elemento, quel *quid*, quella cosa da nulla, ma che è tutto. Come tutto sarebbe mutato poi! Che giorni di pienezza! Il quarto elemento, il *quid*, sarebbe stato sinonimo, direi, di felicità. Né è a immaginare che esso debba essere la chiave dell'infinito, o, per lo meno, della grandezza. Non è questo. Esso si adatta al tuo spirito, in quanto è tuo e non, poniamo, di Dante o di Michelangelo; ma è un adattamento armonico e assoluto. E allora quanto tu operi, quanto le tue mani tocchino o il tuo occhio veda, tutto è armonico così e assoluto. La sua forma è quella e non poteva essere altra. Ecco: è te stesso. Sei giunto alla conquista di te stesso.

È vero che ora, veduti a distanza, questi peccati da mortali quali erano, sono scesi nel ruolo dei veniali: credo anzi che siano necessari perché uno possa ritrovarsi e sapere a quali voli gli sia dato cimentarsi e a quali no. Peccati propri di tutti quei giovani che si sentono chiamati a operare; e il comune mondo che li attornia non dà loro esempi di altri che abbiano operato o che siano per operare nel modo che essi vorrebbero. Nessuno v'è che li pigli per mano e li guidi. Sentono che per la meta a cui essi tendono, non vi sono indicatori. Pur esprimersi da sé non sanno ancora; e ricorrono a strani maestri che li sviano; e ne sorge un che di informe, di mal fuso e indigeribile.

Allora dunque bisognava riparare non più a un solo libro, ma a due; ed ero come colui che bussa all'uscio della propria casa e nessuno gli apre. Stavo fuori della mia casa; e la pioggia intanto mi ammolliva e il vento mi flagellava.

Lasciai il verso e volsi il pensiero alla prosa. Il libro fu composto faticosamente nei mesi di un inverno squallido. Il luogo del mio lavoro era triste. Il vento vi circolava; e per le fessure entrava la neve. Sentivo pena di me. Nessuna gioia, come dovrebbe essere, presiedeva al comporre. I modelli della prosa venivano da Milano, da Parigi, da Londra, da Mosca; ma che modelli potevano essere coi loro salotti, coi caffè, coi ricevimenti e gli adulteri? Non un solo libro dove la vita scorresse chiara e semplice. Nulla dicevano di quanto io vedevo, sentivo e avrei voluto esprimere. Ma, anche provandomi, poiché gli strumenti erano tuttora tanto imperfetti, l'espressione rimaneva approssimativa, pesante e mostrava la stoppa in tutti i punti. Quindi tornavo ai modelli di Milano e di Parigi; e quest'oscillamento creava uno stato assai pietoso, al segno che io cominciavo a diffidare di me e non vedevo più a quale termine volessi giungere.

Per giornate intere nessuno batteva al mio usciolo; udivo soltanto voci lontane di contadini; e le case della valle, silenziose e bianche, apparivano vive solo per il fumo che saliva dai loro tetti. Per tutto il tempo, a cagione forse di quel circolare di vento e per quell'entrare di neve dalle fessure, il dolore di denti non mi lasciò: il mio volto era tumido e contraffatto.

Più d'una volta fui tentato di gettare via carta e penna, e di tornare all'opera quotidiana del contadino. Il quale sa quello che vuole: e in lui non sono tormenti di conquiste.

Ma la tentazione durava poco. Tornare indietro io non potevo più. Certe vie sono così fatte che non permettono il cammino a ritroso. Né la mia età era più quella per cui troppo si possa attendere. Da non so quanti anni il poeta di nonna Speranza era celebrato dall'uno all'altro capo d'Italia, e la sua età era di poco superiore alla mia. E così l'autore d'*un uomo finito* aveva rinomanza che risonava ai confini della terra; e anche la sua età era di poco superiore. Questa febbre del giungere presto, mi sarebbe rimasta ignota se del mio nome non avessi fatto spreco in quel modo. Il poeta giovane dovrebbe rivolgere preghiere a tutte le muse dell'Olimpo perché lo occultassero in qualche loro recesso e non gli dessero libertà fino a che il suo tempo non fosse venuto. Dovrebbe chiedere loro un linguaggio dimesso e povero perché gli uomini non sospettassero che egli possiede il fuoco sacro. Ma io, al momento opportuno, queste preghiere non le avevo rivolte, e le muse mi abbandonavano a me stesso. Alle mie spalle era tuttora la zappa col suo odore di terra e di radici, e, davanti, la penna liscia e leggera. Ma fra loro non si riconoscevano ancora: stridore anzi era fra l'una e l'altra. E troppo era finora il vantaggio della prima sulla seconda, anche perché erano a suo ausilio i secoli: i secoli duri contro questa cosa nuova e ignota, che dava inquietudine, non essendo chiaro a che propriamente tendesse e di quale rivolgimento fosse motrice. La salvezza sarebbe giunta, sì, ma tardi: il giorno che fra loro fosse avvenuto il pacificamento, donde sarebbe sorto un mutuo ausilio e l'immedesimazione, quasi, dell'una nell'altra. Salvezza per altra via non avrei potuto sperare mai.

63

Sì, ero ancora nello stato di colui che bussa all'uscio della propria casa, e nessuno gli apre. Eppure, mi pareva, sarebbe bastato un dito solo anche di fanciullo, un dito che dall'interno sollevasse il paletto; e l'uscio si sarebbe mosso e lo spiraglio si sarebbe fatto. Dentro il fuoco brillava: le rame secche crepitavano. E la mensa era pronta e pronto era un buon letto soffice e caldo. Che delizia essere nella propria casa così! Allora tutto quanto pensi e dici, è intonato col fuoco brillante, con la mensa pronta e col letto soffice e caldo. Occorreva soltanto che questo paletto si sollevasse; un poco solo, così; e io avrei spinto e sarei entrato.

Ma ora penso, e sudori freddi mi rigano la fronte, che avrei potuto rimanere tutta la vita a bussare così; e che forse cento e mille sono nel mondo che bussano invano fino alla morte; e fino alla morte scrivono, compongono libri, hanno fama e intascano quattrini, pure non sono nella casa, ma stanno di fuori. Ed è pena a vederli; e vorremmo dir loro: «Perché non cessate? Non si aprirà più!».

S'io ricordo il giorno e l'ora – ma dopo gli anni – che il movimento avvenne e lo spiraglio si fece, dico: «Ti ringrazio, o mio Dio, perché a te lo debbo». Come fu facile da allora! Quanto naturali e semplici si disposero da sé le parole! Così, come le cose naturali della terra e dell'aria. Era questa la casa: questo il fuoco brillante e crepitante. Come fu dolce da quel tempo stendere le membra fra le lenzuola del letto soffice e caldo; e udire il picchiettare della pioggia sul tetto e il mormorio del vento della notte: la casa era solida e i balconi ben chiusi.

Questo, sì, dopo gli anni. Ma allora!

Il libro apparve in primavera. Ma qualcuno mi attendeva al varco. L'apparizione del libro fu contemporanea al giudizio di un settimanale assai umile, fatto per contadini e operai. Il giudizio era disdegnoso, tagliente e feroce. Nessuna pietà. Esso partiva dalla mia stessa terra e fu certo di uno che a parole mi si professava amico. Era tuttavia anonimo. Rivedo la mezza colonnina chiara, nella quarta pagina, sotto la rubrica delle corrispondenze. Rileggo ad una ad una le parole: sono colpi di sferza che fondono la carne. Li sento sul volto e sulla persona, e il sangue gronda.

Il settimanale entrò prima di me nella mia casa: era domenica mattina. Da venti e più anni il sabato sera o la domenica mattina vi entrava così; ed era voce autorevole, coi suoi giudizi indiscussi e indiscutibili. S'io avessi ucciso o incendiato o se alcuno di noi fosse morto, tante e così amare lacrime nella mia povera casa non si sarebbero sparse. Su di essa non era mai passata una nube tanto nera. Era come se la terra stesse per aprirsi e inghiottire con me e con i miei, la casa stessa. Ahimè! Perché il giudizio era di natura non estetica, ma morale; e vi si leggeva che l'autore del libro era destinato a contaminare il mondo. Povera mamma, che le gambe le sentì come spezzate. Cadde sulla sedia in un pallore mortale.

La lezione fu di effetto duraturo; e sono portato, dopo tanti anni a volgere un pensiero di riconoscenza all'anonimo autore del giudizio. Il quale vive tuttora e a incontrarmi si fa da un lato, e si inchina fino a terra. Ma non gli è noto che io so; e glielo rivelerei se fosse stato mosso da animo buono e se la sua mano fosse stata simile a quella del padre che percuote e ama. Ma non era: la mano fu armata da sentimenti inconfessabili e meschini e la flagellazione scaturì dal livore. Tanto è vero che dal male può sorgere il bene!

Da allora nubi di quella natura sulla mia casa non ne passarono più; e chiedo al Signore che non ve ne passino per il resto dei miei giorni. Che ogni libro nuovo sia nunzio di letizia nuova; e, chiuso l'uscio, possiamo leggercelo al tepore di questo fuoco che brilla, e se qualche lacrima cada, sia lacrima di gioia e d'amore.

A liberarmi, allora, dall'ossessione di dover riparare – non più a due libri soltanto, ma a tre! – giunse la guerra. Così per anni potei dimenticare la carta e la penna. La guerra non era cosa da tavolino; e l'urlo dei bombardamenti non era fatto per dare armonia alla mente e sicurezza ai pensieri.

Ma s'io pensavo che avrei potuto morire lassù, non mi sentivo il cuore lieto. Pregavo Iddio che volesse serbarmi alla pace. I libri che mi ero lasciato addietro, mi erano morso che andava al cuore; e, tornato alla pace, avrei saputo, mi pareva, operare in modo che fossero perdonati. E ora intanto avrei dato metà del mio sangue per poterli distruggere e che di essi fosse perduto anche il ricordo. Non già ch'io credessi che il mondo avrebbe dato loro qualche peso: il mondo li avrebbe dimenticati ben presto. Ma quelli della terra dove nacqui, no; perché ognuno parte dalla sua terra. Nel futuro avrebbero detto: «Visse, sì. Scrisse, sì...». Che cosa scrisse? Per tutto il futuro nella piccola terra avrebbero ricordato uno che scrisse: un po' come uno che ha qui un tumore e non può nasconderlo né dimenticarlo mai. E agiva in me anche quest'altro sentimento: alla mia terra che era tanto umile e oscura, e il suo nome non si spandeva al di là della breve cerchia dei monti che prendevan nome da lei, io avevo vagheggiato di dare non so che luce gradevole, amorevole e bella, appunto come alla sua umile e semplice bellezza si addiceva; e che lei ed io, in un certo senso, fossimo la stessa cosa; e che qualcuno, anche quando io non fossi più, avesse detto illuminandosi: «È nato qui! È nostro!». Ed ecco che invece della luce vagheggiata, stendeva su di lei qualcosa che era peggiore dell'oscurità; perché non vi è nulla, forse, che su una terra getti discredito maggiore quanto gli scritti non degni di un suo figliolo.

18. - Il podere

Avviene ch'io dica: «Il mio podere» oppure ««La mia casa» o anche «I miei campi, i miei prati, il mio frutteto, il mio bosco»; e chi oda, intenda *mio, mia, miei* nel senso del possesso reale, come è difatti; e che perciò alcuno concluda: «Oh, egli è ricco dunque!».

Egli non è affatto ricco. La sua casa era povera tanti e tanti anni fa quando egli vi nacque, ed è povera oggi ancora, benché non più cadente, ma rifatta dalle fondamenta. È forse anche più povera, perché a quel tempo il poco bastava; e ora non basta più.

A volte, richiesto, egli comincia a contare in quale maniera entrasse in possesso di essa; ma, mossi i primi passi, cessa e non riprende più. Perché è assalito da turbamento quasi dovesse rivelare la storia segreta della sua anima.

Eppure non è cosa di ieri; il tempo che è considerato necessario a maturare i ricordi e a velarli di quella nebbia di lontananza per cui non dolgono più, è ormai trascorso. Ma questo non si vela, ed è presente come se il sole si fosse levato su di esso stamane. Perciò occorrebbero le parole più lievi e più adorne; e sarebbe forse il momento di invocare, come usavano gli antichi, il patrocinio delle muse.

Così, dunque: alla casa erano puntelli alberi vivi e tronchi morti; ma la sua resistenza era alla fine. Nelle sue spaccature entravano mattoni e grosse pietre di fiume. Allora qualcuno si volse a lui e gli disse: «Dovresti andar tu. Ora che hai letto tanti libri, tu sai quali parole debbano usarsi con un signore par suo».

Grande signore era davvero e venerato e ricco che a beni nessuno lo superava. Ma alla montagna era salito talvolta soltanto nel passato; e il giovane ricordava le sue cacce fastose con tanti cacciatori e cani; e il ritorno per l'ombrosa via della valle era simile a un corteo di regnanti. Poi il gran signore non era salito più; ed era voce che gli fosse impedimento una gamba dolorante e rigida. Trascorreva il suo tempo nel suo grande palazzo di città e pochi avevano la ventura di essere ammessi alla sua presenza.

Un uomo ancor giovane, ma sanguigno, quasi calvo e grosso, riscoteva, presso di noi, a Santa Caterina l'affitto; e a Santa Lucia il cappone natalizio e a primavera le uova pasquali; e aveva nome di fattore. Egli aveva tratto duro, e intimoriva con le sue risposte recise e colleriche.

Santa Caterina era nel tempo della battitura delle castagne: l'ultimo raccolto dell'anno. Ai colpi regolari dei battitori rispondeva il frastuono del vaglio dal quale saliva la pula che il vento portava a cadere, come le foglie del gelso manzoniano, alcuni passi più in là. La tramontana aveva già spazzato i monti, era apparsa la prima neve, e allora la casa faceva più paura, perché le grandi nevicate di Santa Lucia e di Natale erano imminenti e l'avrebbero schiacciata. Perciò ogni autunno il grosso uomo sanguigno udiva queste parole: «Oh, dunque la casa?»; alle quali invariabilmente rispondeva: «Io non posso far nulla. La casa cade? E voi andatevene prima che cada».

Così qualcuno nella casa aveva detto le parole: «Dovresti andar tu. L'uomo che riscuote non è la fonte. Occorre andare alla fonte dove l'acqua non è intorbidata ancora. Lo sai».

Chi nella casa aveva detto le parole era suo padre un uomo fiducioso e buono che era ancor lontano dalla vecchiaia. E accompagnò il figlio alcuni passi nella via del bosco e aggiunse: «Pregherò Iddio che ti suggerisca le parole e tu ottenga».

Poi il padre tornò verso la casa cadente e il figlio proseguì; ma l'uno e l'altro si voltarono a un tempo quando già lo spazio di trenta passi li separava.

Ma non si dissero nulla.

Il giovane andava alla fonte e così camminava. Questo avvenne un giorno scuro scuro e l'ottobre era al tramonto: ancora tre giorni e sarebbe stato il novembre, il mese dei morti. Il terreno sulla montagna era molle di umidità e nei prati i fiori autunnali, sgualciti dalle piogge e dal vento, non splendevano più.

Ma nei piccoli giardini delle ville del piano certi fiori, sì, splendevano; ed erano i crisantemi. E il giovane li fissava andando, ma per gli occhi entrava in lui un sentore di cose che avrebbe voluto cacciar via; e ricordò lo sguardo di suo padre, l'ultimo, nella via del bosco; e si voltò ancora per vedere se in lontananza gli riapparisse. Ma non riapparve.

Pochi soli, di là delle nuvole bige, sarebbero sorti ancora, così pochi da bastar le dita a contarli, e l'uomo fiducioso e buono avrebbe piegato il capo e il suo caro sguardo si sarebbe spento per sempre; e per le spaccature della casa entravano la pioggia e il vento. Così è chiaro perché le muse siano invocate; e portino sulle invisibili ali le parole che esprimano questo: che il giovane non voleva la pioggia e il vento, ma vedeva tanti anni futuri e nei tanti anni era suo padre che udiva: «Ecco tuo figlio! Il mio nome è tuo! Onore non fanno a me, ma a te, padre!». E ora al ricordo non è mai che non siano associati il battere della pioggia e il fischio del vento; né sono esenti il viaggio verso la fonte e i fatti successivi che sono legati ad esso: che dolgono come se il sole si fosse levato su di loro stamane; né dissimile sarà domani, né mai fino a che vita e memoria rimangano.

Ma nella città il giovane trovò il sole; e le vie erano colorate di folla che pareva festiva. S'immerse egli stesso nella folla e andò fra alti edifici superbi come portato da essa; ma giunse davanti al grande palazzo dove il grande signore aveva dimora. I grandi battenti della prima porta erano aperti; ma oltre di essi era una vetrata chiusa alla cui custodia, nell'interno, stava un uomo alto e sbarbato che seguiva con lo sguardo la folla colorata della via. L'uomo era vestito di una livrea chiara a righe, con colletto alto e chiuso; e così mentre seguiva con lo sguardo l'onda della folla, non nascondeva un mazzo di chiavi grandi e lucenti che gli pendevano da un lato. Egli sorrideva a qualche cosa; o forse era passato qualcuno che suscitava in lui pensieri piacevoli e buoni, e allora il giovane dall'esterno piegò il capo e fece cenno che gli venisse aperto. L'uomo esitò un poco, ma dal suo volto il sorriso non disparve; e il giovane sentì passare in sé la speranza che il sorriso fosse per lui, perciò dispose il volto allo stesso modo. Allora l'uomo si mostrò incline a eseguire: agitò il mazzo di chiavi e aperse. Domandò quindi: «Chi cercate?» e il giovane rispose cosa per cui sapeva essere possibile l'ingresso e non disse il nome del gran signore; e l'uomo disse: «Andate pure. Quattro scale; e l'amministrazione è lì».

Così il giovane percorse un atrio sorretto da grandi colonne di marmo e fu al piede di una gradinata di marmo che forse non era quella dell'amministrazione; e cominciò a salire e salendo non udiva che gli echi troppo sonori dei suoi passi. Quanto maggiore era il numero dei gradini che salendo si lasciava addietro, tanto più cresceva in lui un dubitare di sé; perché quelle parole che nel viaggio aveva meditate e costrutte, ora gli si confondevano tra loro e alcune non le ricordava più.

In cima, un uscio s'aperse ed egli vide una grande sala che dava in una seconda e questa in una terza con una successione che ai suoi occhi parve infinita; e le volte erano dipinte e grandi quadri con personaggi enormi pendevano alle pareti. A un servo che a causa della livrea pareva quello dell'ingresso, domandò: «È possibile vederlo e parlargli?» e così gli venne fatto il nome del gran signore, coi grandi titoli di nobiltà che precedevano il nome; ma la voce gli tremò e il dubitare di sé crebbe tanto che le gambe gli si piegarono.

Ecco che un signore vestito di nero e di aspetto nobile e dignitoso, ma conciliante, attraversava la prima sala: camminava diritto, benché movesse con troppa rigidezza l'una delle due gambe. La sua età era, all'apparenza, presso i sessanta.

Udì, e invece del servo rispose: «Voi potete vederlo e parlargli».

Era lui! E le sue parole e il modo furono tali che il giovane si aperse alle speranze più grandi.

Il colloquio non avvenne lì; ma in un piccolo luogo dov'erano divani e poltroncine soffici.

Ma il giovane non disse alcuna di quelle parole che venendo aveva meditato. Erano recenti, di quei bigi giorni d'autunno, certi suoi stupiti canti d'amore, dove erano pure odore di terra e esalazioni di boschi in disfacimento; e per essi vedeva sé non con i comuni occhi di tutti; e compagni gli erano strane ombre con strani nomi del passato; ombre che portavano sulle braccia poemi antichi e sul capo corone d'alloro: perciò le sue parole furono press'a poco così: «In un podere che è vostro e nella casa che cade, vive uno che... Egli è qui davanti a voi... Viene per... ».

Il giovane parlò così, e una luce calda gli illuminava i pensieri. Certamente il grande signore si sarebbe alzato e avrebbe esclamato: «Vive nella casa che è mia ed è davanti a me! Quale grazia è questa? Augusto chiamò Virgilio nella sua Roma; e i grandi signori del Rinascimento non conobbero titolo di più alta nobiltà di quello di mecenate. E io nella casa che è mia... Nella casa cadente... Oh!».

Il grande signore non disse nulla di tutto questo: scosse soltanto il capo e pietosamente rispose: «Dove vi siete gettato mai, mio povero giovane! Non sapete che la vita non è poesia, ma prosa? E che dura prosa! La poesia non dà pane; e bene lo sapevano i latini quando dicevano: carmina non dant panem[3]».

Allora il giovane cercò di ricondurre a sé il discorso; ma dileguata quella luce calda che lo aveva sorretto a principio, non disse che parole confuse e senza costrutto.

Il grande signore comprese tuttavia di essere chiamato in causa per riparazioni a una povera casa di montagna e benignamente disse: «Eh, caro giovane; sono molte le mie case. Eh, sì, sono tante e tante. Come potrei aver l'occhio alla singola? Spetta agli agenti; e nel vostro paese, ch'io sappia, non ne siete privi. Andate da lui a mio nome: egli vi ascolterà».

Il giovane uscì e quando fu fuori, in mezzo a quelle vie colorate di folla festiva, sentì tornarsi all'orecchio ognuna delle sue parole ed ebbe rossore di sé.

Era tardi e la sera egli non avrebbe avuto modo di tornare alla sua casa; perciò s'immerse nella folla colorata e come prima si lasciò portare da essa. Udiva discorsi e cicalecci che erano leggeri e gai: profumo di donne belle e festevoli e letizia di cavalieri dai soprabiti chiari, di mezza stagione; e senza volerlo pensò agli usignuoli della primavera. Nessuno qui aveva pensieri di case cadenti e di lontane mete da raggiungere: nessuno aveva per compagne quelle ombre strane con strani nomi del passato, le quali

---

3   I carmi (i versi, i canti) non danno pane.

portavano sulle braccia pesanti poemi antichi e sul capo corone dall'oro.

Camminò tanto che a notte s'avvide di essere oltre le mura della città, in una verde campagna ondulata, limitata a settentrione da monti enormi e neri, e a mezzogiorno dalla linea del mare sulla cui superficie andavano accendendosi le luci dei pescatori. Per un viottolo a curve si diresse verso la riva; e dagli orti giungeva profumo di rosmarino e sul capo gli ondulavano le chiome tonde dei pini. Così giunse al mare, in un punto dove la spiaggia era bassa e arenosa; e le onde morivano ai suoi piedi con un mormorio cadenzato e ansioso che a lui pareva di non aver mai udito così. Stette a lungo, forse un'ora; e gli pareva che avrebbe potuto rimaner tutta la notte e il mare non avrebbe cessato mai di parlargli a quel modo e di fargli intendere: «Io ti comprendo e sono con te».

Ombre di doganieri si accostarono e levarono al suo volto la loro pila luminosa e chiesero: «Chi siete? E che fate qui a quest'ora?».

«Nulla» rispose egli. «Ma ora torno in città».

Si rimise per il viottolo a curve: dagli orti giungeva come prima il profumo del rosmarino e sul capo gli ondulavano le tonde chiome dei pini.

Dormì male in un piccolo albergo della periferia; e il giorno dopo fu a quella sua casa che cadeva e quando disse: «Ha risposto così: che solo l'agente dispone»; a casa dissero a una voce: «Non avremo nulla». Tutti, ma non il padre; il quale era fiducioso e osservò: «Quando saprà che sei stato dal gran signore, forse...».

Il padre e il figlio andarono insieme; ma l'agente vide nel fatto un'offesa a lui, quasi un tentativo di soverchiamento e insieme una denunzia; e torcendosi i baffi forti, disse:

«Meglio che lasciate la casa e pensiate a emigrare».

Il padre chinò gli occhi e non disse altro.

Né parlò lungo il cammino del ritorno. Solo quando furono nel sentiero del bosco, disse: «Figlio, sento una stanchezza come non sentii mai». Il figlio volse gli occhi al suo viso e lo vide pallido e come invecchiato improvvisamente. A casa cercò subito il letto, vi si stese; e non si alzò più.

Passarono dodici mesi, e venne un giorno di festa

Il giovane era nella sua chiesa e davanti a lui ascoltava la messa un signore vestito da cacciatore; e gli era noto, ché era amministratore del gran signore della città e invigilatore anche sull'agente del feudo della montagna.

Allora il giovane disse fra sé: «Quando la messa sarà alla fine e lui uscirà, anch'io uscirò. Fuori gli parlerò».

L'amministratore ascoltò attentamente, quando furono sulla via a ciottolato che scendeva con pendenza leggera. A destra si allineavano le case del borgo antico che appunto era stato l'antico feudo dei predecessori del gran signore. L'amministratore era un uomo benevolo e dalle idee chiare; aveva titolo d'ingegnere e al suo discorso intercalava espressioni della sua Parma nativa. Egli propose: «Il palazzo dell'agenzia è qui a due passi. Se fossimo dentro, discorreremmo meglio».

Così nel palazzo il giovane udì queste strane e memorande parole: «Perché non vi comprereste voi tutto il podere? Io posso disporne la vendita».

Strane parole, sì; perché per comprare occorrono i quattrini, e nessuno ne era più spoglio di quanto fosse il giovane. Tuttavia, chi sa perché, chiese il prezzo.

Il signore disse il prezzo; e fu così alto che i capelli del giovane si drizzarono.

Ma non lo dette a vedere; ed entrò nella contrattazione come se i quattrini fossero nelle sue mani. Il signore ascoltava; udiva ondate di parole così fatte: il podere per sé era cosa da poco; poveri campi, prati magri, boschi improduttivi; ma per chi vi era nato, per chi vi aveva tutti i suoi ricordi, per chi vi aveva versato tutto il suo sudore, era di un valore che a monete non può misurarsi. E lui, che era uomo nobile e di cuore aperto, comprendeva e non doveva far leva sull'amore del giovane figlio del fittavolo, ma su questi altri sentimenti di generosità che il cuore gli poneva innanzi. Cicerone non perorò mai causa con parole più vivaci e risolutive; e il signore dalla sua somma tanto alta scendeva a grado a grado; e giunse a un punto che il giovane disse: «Va bene così».

Erano bastati venti minuti e altri venti bastarono per la scrittura del compromesso; che il giovane non poté ritirare, tuttavia, perché per il ritiro occorreva un primo versamento di biglietti da mille e il giovane non vedeva ancora dove li avrebbe trovati. Il signore disse: «Sono le undici. Rimango sino a mezzogiorno. Se tornate a tempo per il versamento, il compromesso lo ritirate fin da stamane».

«Va bene» disse il giovane e uscì. E non aveva fatto dieci passi, che si vide davanti un uomo già prossimo agli ottanta, che aveva tuttavia mente fresca e giovanile. Il suo nome era Simone; ma lo chiamavano Simonino e vi aggiungevano il nome della moglie, di cui ora era vedovo.

«Simonino!» lo salutò il giovane. «Ecco, Simonino» aggiunse; «è così e così... Dove potrei trovare?».

Simonino era diretto verso qualche parte e, pur così vecchio, camminava con una non so che sollecitudine. Si fermò e disse: «Perbacco, figliolo mio. Trovare? Eh, la somma è un po' forte; tuttavia la puoi trovare presso di me. E subito, se vuoi».

La casa di Simonino era a cento passi dal palazzo dell'agenzia: un cordone di case, a curva: l'agenzia nel mezzo del cordone e la casa di Simonino in fondo. Il vecchio e il giovane camminano insieme per questo ciottolato. Il giovane è alla sinistra. Il caro vecchio cammina diritto, senza bastone, alla sua destra. È vestito bene, parla sottilmente e la voce gli balla un poco; ma pare un vezzo questo ballare della voce. È nato qui, è cresciuto qui, non è uomo di studi, pure ha apparenza di uno che sia sempre vissuto in una città e che la sua conversazione si sia svolta sempre con gente fine e aristocratica. Entrano nella casetta antica e umile. Il giovane vede aprire un cassetto e ne vede uscire un piccolo pacco. Simonino comincia a contare. Mille, più mille, più mille, più mille. Basta così. Ma Simonimo avrebbe anche continuato; difatti dice: «Tu sai ch'io non sono ricco. È un caso che questi siano qui. Ma ve n'è ancora; vedi. Se ti occorrono...». Il giovane fa segno di no. Ora dunque chiede un foglio per la ricevuta. Ma il vecchio dice di no. Sorride. Gli pone una mano sulla spalla. «Quando potrai, con tuo comodo... Non metto termini di tempo. Puoi tenerli anche dieci anni... Piuttosto, vedi, se io morissi – sono vecchio, figliolo – ne farai quest'uso che ti dico...».

Disse l'uso che ne avrebbe dovuto fare. Ecco qui: un uomo di ottanta che può attendere dieci anni! E il Signore lo tenne in vita così, con mente fresca e giovanile, non per quei dieci anni soltanto; e vide il ritorno del giovane debitore e di mezzo era stato il tempo presso che interminabile della guerra; e il caro vecchio sorrise e lì, nella sua casetta fredda e nuda, riaperse il cassetto e i mille e mille e mille e mille rientrarono. Scosse dolcemente il capo e sorridendo con soave malizia disse: «Allora erano oro: ora sono carta...» E il giovane sentì che il suo cuore batteva forte e disse: «Ma io non ho finito: non ho solo le quattro, ma ho le venti; vedete; corrispondono all'oro di allora. Né tutto: ecco, vedete qui anche il frutto di questi anni. Non manca nulla». Il cuore dovette battere anche al vecchio Simonino; e si alzò e abbraccio il giovane e disse: «Caro figliolo mio, no. Tu hai dato quanto mi dovevi. Ti ho dato quattro, e tu quattro mi hai restituito. Non detti mai, nella mia vita, ad interesse. E qui dovrei io dare a te: che vieni dal luogo dove voi davate anche la vita per noi. Ecco, così». Le labbra del vecchio novantenne si posarono sulla fronte del giovane e vi stettero ferme a lungo.

19. - Tempus est[4]

«Sed nos tempus est huius libri facere finem[5]».

Uso le parole che Cornelio Nepote adopera a chiusura della vita di Annibale; e non ho finito di trascriverle che mi sorprende questo singolare pensiero: «Perché non mi sono giovato anch'io della lingua latina per le note scritte qui addietro? e perché non ho scritto un libro tutto in latino?».

Da tanti anni, diurna et nocturna manu versando[6], risalgo a ritroso il cammino dei secoli; e sapevo, sì di muovere verso la lingua materna, ma a un ritrovamento reale non ero preparato.

Così ora mi accade per lei qualcosa di molto affine a quello che più su dissi di sentire per la terra: il bisogno di un effettivo ritorno a lei, come è di chi entri finalmente nella casa della madre che credeva perduta.

Non c'è voce di lei che non abbia il potere di accendere anche i più riposti recessi dell'anima e non perché sia la lingua di Virgilio, ma perché è la voce della Chiesa. La Chiesa col suo semplice, fiorito e accorato latino presiedette a ogni atto della nostra vita; a cominciare dal fonte battesimale, mentre l'acqua cadeva sul nostro capo e il sale della sapienza si scioglieva sulle nostre labbra.

Fiumi di sapienza scesero da lei. Per lei furono e sono sapienti anche coloro che non conoscono lettera; ma bene distinguono la luce dell'anima pura dall'opacità dell'impura, la letizia dell'anima colorata di grazia dalla miseria dell'anima popolata di rospi.

---

4   È tempo
5   È tempo di porre fine (finire) a questo libro.
6   lavorando di giorno e di notte

Senza allontanarci dalla terra ove nascemmo, noi imparammo da lei tutto quanto è da sapere; perché scuola più sicura il mondo non possiede.

I nostri primi passi si sciolsero al ritmo del suoi inni e i primi lampi della nostra ragione udirono da lei queste parole «Questa, figliolo, e non altra è la via».

Fatti più grandi noi salimmo ai cori e cantammo i cantici con la voce di mille e mille anni fa; e nulla era mutato fra il nostro tempo e quello di Jacopo da Varagine e di San Benedetto. Le lamentazioni di Geremia, i salmi di David, gli strazi di Giobbe, i versi di Salomone, le parabole del Vangelo, i cantici di Zaccaria e di Simeone, le lettere degli Apostoli, le laudi alla Beata Vergine Maria, gli inni ai santi, le preci ai defunti non vennero a noi se non con la lingua latina; e le preghiere più care e più confidenti ci sarebbero parse meno efficaci se pronunciate in una lingua che non fosse quella.

Perché, sì, ci avveniva talvolta di vedere come fossero tradotti il «Pater noster», il «Dies irae[7]», il «Salve, Regina», lo «Stabat Mater[8]», l'«Ave Maria»; ma la traduzione toglieva loro quell'intimo e misterioso incanto che era parte della loro reale essenza: tanto che non ci parevano più nemmeno le stesse preghiere.

È anche qui da ricercare la cagione degli effetti prodotti sul nostro spirito dalle Vite dei Santi Padri che allora leggemmo; perché le Vite erano scritte in una lingua che era prossima a quella della Chiesa. Ci pareva anzi che la Chiesa stessa, per mano dei suoi santi cenobiti, avesse steso quelle pagine, donde le parole scendono con la chiarità di una luce stellare e con la fragranza di un distillato liquore.

Al segno che ora si pensa che come la Chiesa ha raccolto e chiuso in un tutt'uno i sacri libri dell'Antico e del Nuovo Testamento, e come lei fa sue col nome di Patristica le scritture ispirate dei suoi primi secoli, così le sarebbe agevole raccogliere e chiudere in un corpus unico i libri sorti da lei nei tempi posteriori e sarebbe il corpus più vivo di tutte le letterature del mondo. In tutti questi libri posteriori la lingua nuova era commista alla lingua

---

7   Giorno dell'ira
8   La madre stava

materna, e il passaggio dall'una all'altra avveniva naturalmente come è naturale il passar da riva a riva di un ruscello che di qua e di là abbia erbe e fiori d'una stessa famiglia: erbe e fiori che una stessa onda irrora di felici spruzzi d'argento.

Allora, dunque, altro latino non v'era: era il latino anima, il latino che è congiunzione fra l'uomo e Dio: congiunzione sublime. Un latino che contiene tutto quanto di sospiri, di preghiere, di gridi, di benedizioni, di abbandoni amorosi, di gaudi e di affanni siano mai passati nel cuore dell'uomo nel suo cammino mortale.

Ogni festa dell'anno, ogni giorno della settimana, ogni ora del giorno, ogni pubblica e privata manifestazione ebbe la sua voce in quel latino. E l'ha ancora. È il latino esultante di Pasqua, il latino rapito dell'Ascensione, quello sublime di Pentecoste, quello solare del Corpus Domini: il latino di «Veni, Creator Spiritus[9]», il latino di «Pange, lingua, gloriosi[10]», il latino di «Lauda, Sion, Salvatorem[11]»: il latino di cui trema la volta del tempio, quando la mistica accolta dei fedeli col consono impeto di mille voci lo innalza a Dio.

Oh, il latino campestre delle rogazioni! È il latino cantato nelle dolci mattinate di maggio allorché le rugiade non disciolte ancora ingemmano le erbe del prato. Per quanto ricerchi nel passato, la nostra mente non sa ricordare nulla che le dia esaltamento maggiore.

Il sole è sorto or ora di dietro il monte e un vapore tenue e iridato sale dalla terra. La processione procede lentamente e trionfalmente nella via dei campi. Essa è giunta a una stretta tra il fiume e il monte; ma la valle si riapre, e il fiume qui è più placido e i prati sono più verdi e più doviziosi di fiori. In un punto la processione rallenta anche più, quindi si arresta. Il sacerdote sale su un rialzo erboso e sull'immenso popolo inginocchiato leva alta la croce e non meno alta la voce che le chiostre dei monti riecheggiano col suono di armoniose campane: «Ut fructus terrae dare et conservare digneris, te rogamus, audi nos[12]». Il popolo, così a ginocchia piegate, ripete: «Ut fructus terrae dare e conservare

9 Vieni, Spirito creatore
10 Canta, lingua, (il mistero del corpo) glorioso
11 Loda, Sion, il Salvatore
12 Affinché ti degni di dar(ci) e conservar(ci) il frutto della terra, ti preghiamo, ascoltaci.

digneris, te rogamus, audi nos[13]». I monti rimbombano a tanto fragore: è come se la terra stessa, di per sé, levasse al cielo la sua voce così. L'invocazione con la croce e i visi volti ai quattro punti cardinali è ripetuta quattro volte, e il crescendo tocca le vertigini: «A peste fame et bello, libera nos, Domine[14]». O Signore, tieni lontane la peste, la fame e la guerra. O Signore, che le nostre campagne diano frutto e che sui frutti non cadano le folgori e le tempeste. O Signore, liberaci da ogni male. O Signore volgi le nostre menti ai desideri celesti. O Signore, elargisci pace e unità a tutto il popolo cristiano. O Signore dona pace e vera concordia ai re e ai principi cristiani. O Signore, Signore!

Di qua dello stesso fiume era il nostro campo dove, finiti i canti e scioltosi il popolo, noi saremmo entrati a riprendere l'opera ieri sera interrotta. E anche questa quotidiana opera aveva un suo singolare sapore di preghiera in latino; e frattanto il cielo azzurro, posato tra monte e monte, benediceva a tanta pace.

Altro latino. Il latino di San Giovanni Battista, un latino che sa di gigli e di spiche bionde. Ora i boschi sono così densi che vi si cammina come in meravigliosi sotterranei fioriti; e l'erba e i mirtilli e i muschi che sono tappeto ai nostri passi, conservano per tutta la giornata la freschezza della rugiada mattutina.

Il latino della Visitazione: beatam me dicent omnes generationes[15]. Il latino del Carmelo, quello di Sant'Anna, quello dell'Assunta, quello della Natività; latino amoroso, latino carezzevole, latino dolce, devoto, filiale. Latino che al ritorno dalla festiva cerimonia (nigra sum sed formosa, filiae Jerusalem[16]) s'accompagna con noi e si mescola a ogni operazione della nostra casa.

Latino che vola col suono delle campane: Angelus Domini nuntiavit Mariae[17]. Latino con voci come queste: Mater castissima, Mater inviolata, Mater amabilis, vas spirituale, rosa mystica, stella matutina[18]. E ancora: Ecce, ancilla Domini, fiat mihi secundum

13 uguale al n° precedente
14 Liberaci o Signore dal male, dalla fame e dalla guerra.
15 Tutte le generazioni mi chiameranno beata.
16 (sono nera ma bella, o figlie di Gerusalemme)
17 L'Angelo di Dio fece un annuncio a Maria
18 Madre purissima, madre sempre vergine, Madre amabile, vaso ripieno di

Verbum tuum. O Maria! Mater misericordiae, vita, dulcedo et spes nostra, salve[19]. Volgi a noi quegli occhi tuoi misericordiosi. Eja, ergo, advocata nostra[20]. Com'è possibile spegnere e non vedere più i tuoi occhi misericordiosi? «Hai faticato tanto» dicono i misericordes oculi[21], «lunga è stata la giornata; ora, figlio mio, va a riposare». Sì, andrò, ma ancora un saluto, l'ultimo; e forse ancora un altro, dopo; e forse ancora un terzo. Sub tuum praesidium confugimus, Sancta Dei Genitrix[22].

Così anche al riposo ci seguono le parole della cara lingua latina.

Latino di tutti i Santi, latino di tutti i Morti. Taedet animam meam vitae meae[23]. È il latino triste, ma non senza speranza. Il latino del pianto commisto alla speranza. Libera me, Domine, de morte aeterna[24]. Sono le invocazioni di chi sa che otterrà e dalla polvere di ecce nunc in pulvere dormiam[25] si vola al credo quod Redemptor meus vivit, et in novissimo die de terra resurrecturus sum[26].

Un latino che a volte tocca la disperazione. Manus tuae fecerunt me et plasmaverunt me totum in circuitu; et sic repente praecipitas me? Memento, quaeso, quod sicut lutum feceris me, et in pulverem reduces me[27]. Perché, o Signore, ci formasti cosi? E perché una vita così piena d'affanni? E perché così breve la vita? De utero translatus ad tumulum![28] Ieri era il giorno della nascita e domani quello della morte. Ma no, non morremo; perché in carne

---

spirito, rosa mistica, stella del mattino
19 Ecco l'ancella del Signore, avvenga per me secondo la tua parola. O Maria, madre di misericordia, vita, dolcezza e speranza nostra, salve (ti saluto)
20 Sù, dunque, o avvocata nostra
21 gli occhi misericordiosi
22 Ci rifugiamo sotto la tua protezione o Santa Madre di Dio.
23 La mia anima prova noia alla mia vita.
24 Liberami, o Signore, dalla morte eterna.
25 ecco ora dormirò nella polvere (reso polvere)
26 credo perché il mio Redentore viva, e nell'ultimo giorno risorgerò
27 Le tue mani mi hanno fatto e mi hanno plasmato completamente; e così all'improvviso mi fai cadere? Ricorda, ti prego, perché mi hai plasmato come fango e in polvere mi ricondurrai.
28 Dall'utero passato alla tomba.

mea videbo Deum Salvatorem meum[29]. Caro latino sempre, anche quando è tanto triste che gli occhi alla lettura si empiono di pianto.

Latino dell'avvento: latino con le lodi di Colei che sarà la madre di Gesù nascituro. Quasi cedrus exaltata sum in Libano, et quasi cypressus in monte Sion: quasi palma exaltata sum in Cades, et quasi plantatio rosae in Jericho. Quasi oliva speciosa in campis, et quasi platanus exaltata sum iuxta aquam in plateis. Sicut cinnamomum et balsamum aromatizans odorem dedi: quasi myrrha electa dedi suavitatem odoris.[30]

Delizia di questo latino; e la penna per ora riposi con esso. Taccia del latino del Dies irae[31], del latino dello Stabat mater[32], taccia del memento homo quia pulvis es et in pulverem reverteris[33]; e pensi come in questo latino sia da ricercare la storia della nostra vita stessa.

---

29 nella mia carne vedrò Dio il mio Salvatore.
30 Sono stata innalzata come cedro nel Libano, e come cipresso nel monte Sion: sono stata innalzata come una palma in Cades, e come una pianta di rosa in Gerico. Sono stata innalzata come un olivo risplendente nei campi e come un platano vicino all'acqua in luoghi spaziosi.
31 Giorno dell'ira
32 La madre stava
33 ricorda, uomo, che sei polvere e polvere ritornerai

20. - L'ultimo anello

Le parole di Cornelio Nepote, caduteci così inavvertitamente dalla penna, hanno aperto invece di chiudere com'era nostra intenzione; e ora ci è necessario continuare ancora un poco nel loro solco. È forse legge che pensiero chiami pensiero, enunciato chiami enunciato, parola chiami parola; e che il sigillo definitivo sia costrizione imposta dalla volontà piuttosto che naturale acquietamento e armonica soluzione nella pace. E anche quando acquietamento e soluzione appaiono per l'autore, non così è per chi venga dietro di lui: i continuatori della Divina Commedia, di Don Chisciotte, di Amleto e di Faust sussisteranno e opereranno nello stesso tracciato fino a che di questi poemi sarà il ricordo fra gli uomini.

Così ora a noi non è possibile tacere come lo studio della grammatica, prima, e la lettura, dopo, dei poeti che scrissero in un tempo anteriore a quello del latino citati nelle pagine qui addietro – il latino della Chiesa –, siano stati come il vento che sommuove la liscia superficie del lago; di modo che il commosso latino delle rogazioni, il doloroso latino di Giobbe, il profumato latino della Sposa dei Cantici sentirono come i Catulli, Ovidii, Propertii, Tibulli, Vergilii, Horatii carmina[34] chiedessero il passaggio e come non sarebbe stato possibile opporre impedimento.

Allora apparvero l'Olimpo, il Parnaso, Cipro, Delfo, Cuma, la fonte Aretusa e Pafo; e quelle divinità a cui i martiri e le vergini delle Vite dei Santi Padri e della Leggenda Aurea si rifiutavano di

---

34 i carmi di Catullo, di Ovidio, di Properzio, di Tibullo, di Virgilio, di Orazio

sacrificare, chiamandole con termini femminili idole e dimonia[35], irruppero e chiesero ospitalità nel nostro spirito.

Più facile fu la loro vittoria per il fatto che la via a questo secondo latino nelle cui tenaci e calde pieghe quelle idole[36] vivevano la loro plurimillenaria vita, ci venne aperta, almeno in un primo tempo, da quegli stessi per cui è sacro deposito il canto e le preci della Chiesa di Roma.

Nell'onda ritmica dei giambi, dei dattili, dei tribrachi, degli anapesti ridevano rosee le grazie, le muse, le ninfe; e si insinuavano in quella candida parte di noi che fino ad ora non era stata occupata che dagli angeli.

Le favole del re dell'Olimpo non erano esemplari: Leda, Danae, Maia, Core, Semele, Latona, Antiope, Europa, Jone, poste così a corteggio del padre dei mortali e degli immortali, potevano muovere a riso, sì; ma intaccavano intanto e per l'intaccatura entrava un veleno sottile e corroditore.

Con le favole di Giove, ecco quelle di Marte, quelle di Mercurio, quelle di Apollo, quelle di Plutone: fugge Dafne fanciulla su per la boschiva valle di Tempe e Proserpina che con le amiche giovinette va cogliendo fiori, si divincola invano dalla stretta del nero signore dell'Ade.

Le favole di Venere non sono in numero minore: Venere dai cento nomi, Venere dai cento volti, Venere dai cento culti, Venere dei pittori, Venere degli scultori, Venere di tutti i poeti: mirto e rose e fiori di melo e colombe e zefiri e marine azzurre e grazie e ninfe e amori sono dove lei è: sereno ride il cielo e si veste d'erbe e di fiori il prato se lei trascorra; e allora l'occhio degli uomini lampeggia e i versi dei poeti alitano carezzevoli e rosati quasi odorosa aria di pescheto in fiore.

Favole che l'una s'innesta nell'altra; e per ognuno dei sogni, dei palpiti, dei tremori, dei sospiri, degli abbandoni della giovinezza e non della giovinezza soltanto, esse hanno un nome: di qui i cento volti di questa dolce e terribile deità a cui s'inchinano non solo gli uomini ma anche ogni altra vivente creatura, della terra, dell'acqua e dell'aria.

---

35 idoli ... demoni
36 idoli (usato al femminile)

Dalla poesia latina alla ionica, eolica, dorica il passo è breve. Le isole dell'Egeo, le coste dell'Asia Minore, l'Attica, il Peloponeso, la Sicilia, la Magna Grecia sono vicine di casa. In esse spira aria di famiglia. Omero, Platone e Tullio Cicerone, che pure bruciavano i loro incensi alle deità delle favole, sono nostri fratelli maggiori; e per poco che gli occhi si spingano innanzi o si voltino indietro, ecco che questi fratelli accennano e dicono: «Eccoci con te».

Il mondo romano, greco e asiatico si fonde in un solo su per gli esametri, i pentametri, gli asclepiadei, gli adoni, i coriambi, le saffiche e le alcaiche; nei quali e nelle quali hanno volto reale Elena di Sparta, Calipso e Ulisse, Criseide e Briseide, la principessina Nausica e tutte le fanciulle di Lesbo che il cielo, la terra, i prati, i fiori, le onde marine e le grazie stesse non si saziano di ammirare.

Più fuso ancora quel triplice mondo è nei versi del poeta che di sé parlando si esprime così: «Io so il canto di tutti gli uccelli». Dal cielo, dalla terra, dagli azzurri seni marini, dai prati fioriti, dai campi rinnovati, dalle aurore, dai tramonti di rosa che gli offrono immagini vivaci e liete, egli si rifugia all'ombra delle sue divinità che canta con un soave abbandono di mollezza orientale. Per lui e per altri poeti come lui le divinità rispondono amorosamente; e camminare sotto la loro protezione è quanto di più caro e bello abbia la vita.

Ma ancora favole di mortali e di dei: tutto un incontenibile pullular su: Peleo e Teti, Psiche e Amore, Edipo e Giocastra, Medea, Pasifae, Arianna, Mirra, Rea Silvia: misteri eleusini, misteri di Iside, cori di coribanti, grotte di ninfe, inseguimenti di satiri, corse di menadi; mentre Pan nel meridiano silenzio fa risuonar la selva di un misterioso fremito che agghiaccia i cuori.

Poesia alessandrina: poesia siracusana, poesia agrigentina. Versi più dolci del più dolce miele. Oriente, Egitto, mirteti, prati di asfodelo, prati di loto, voli di api bionde, Licia, Clori, fontane mormoranti, selve dove i pastori danzano con le ninfe e gareggiano nel canto come i poeti.

Poi ancora a Catullo, a Orazio, a Tibullo, dove ogni voce asiatica ed egea e ionica ha il compimento: armoniosi versi intessuti di Lesbie, di Delie, di Pirre, di Fillidi e di ogni altra candida puella (cenabis bene apud me, mi Fabulle)[37] della poesia di Roma.

Non ne è vittima colui che alla poesia è sordo; ma non altrettanto è da dirsi di chi ha trovato in essa la fonte alla quale, senza forse saper bene egli stesso, inconsciamente tendeva; e così ora può dissetarsi e può anche ristare all'ombra lì da presso e godere del festevole mormorio dell'acqua che sgorga e va.

Esiste ciò che gli storici chiamano tempo di transizione o di passaggio: certo per noi quello fu tale. Potrebbe definirsi anche il tempo della prova, se la vita di ogni uomo non fosse di per sé tutta una successione di prove. Certo fu prova ben dura: più dura di quella che per il canto delle Sirene ebbero i rematori di Ulisse. Perché anche il nostro mondo agreste, il nostro montano suolo boschivo, le nostre rive dei fiumi, le fonti, le erbe, i fiori, il cielo stellare, i raggi del sole, il chiaror della luna, il roseo dell'aurora, le fiamme del tramonto; tutto si penetrò di quella lontana poesia che a ognuna delle cose, a ognuno degli aspetti della terra e del cielo aveva dato un suo nome. E non perché la mente si piegasse anche in menoma parte a credervi alcunché; ma per quel sollazzevole gioco dell'immaginazione che forse è anche più nocivo della credenza stessa. Quando tu cammini lungo il tuo fiume e tra gli alberi fitti e nell'acqua chiara tu vedi amadriadi e naiadi, di necessità avviene che il tuo dolce, tenerissimo, geloso dell'anima tua, angelo custode si copra il volto e si allontani un poco. E maggiormente dura fu la prova perché pareva che al vero sapere non si sarebbe pervenuti mai se i libri degli dei e delle ninfe non fossero stati così in ogni parte ricercati: ricerca, d'altra parte, che ci era di tanto diletto che il nostro palato non chiedeva altro.

Il tempo di passaggio ebbe fine quando cominciammo a considerare come grandezza di poesia non sussista se sua sostanza non sia ansia di vera luce e se la vita non sia ritenuta il dono di Dio più grande: se l'uomo, nel suo viaggio terreno, non vi appaia quale interrogatore delle cose, degli uomini, del cielo: «Dite, se voi sapete». Allora ci fu chiaro anche come il dolore sia l'elemento essenziale di essa: più dolorosa, più opaca la poesia del triplice mondo degli antichi che non quella dei tempi successivi, alimentata dalla capanna di Nazareth, dalle rive del Giordano, dal sole riflesso

---

37 bella ragazza (cenerai bene presso di me, o mio Fabullo)

sul lago di Tiberiade. La parabola del seminatore, quella del buon Samaritano, il Discorso della Montagna, il vino delle nozze, la pietra della peccatrice, i profumi della Maddalena portarono nella poesia una limpidezza e una sicura letizia di cui gli antichi non sognarono neppure il futuro probabile avvento.

Gli antichi piangono. Piangono nell'alta reggia di Priamo, piangono nella fosca casa degli Atridi, piange Prometeo, piange Niobe, piange Edipo re. E il loro pianto non ha conforto di speranza. L'Olimpo è freddo e assente. Giove è crudele. Gli dei operano in opposizione agli uomini, il fato è tragico e inesorabile. Col lamento di Ecuba, con quello di Andromaca e col pianto di Elena si chiude il più grande poema antico. Nel poema fratello il canto delle Sirene è letale, il fiore del loto è letale, letale è il giardino di Circe e così le bocche di Scilla e Cariddi, così le grotte di Polifemo, così i pascoli del Sole Iperione.

Tristissimo il Tartaro con l'eterno scrosciare di tenebrosi fiumi; ma non meno tristi sono quei fioriti campi elisi dai quali il nostro spirito rifugge.

Quanto dolore in quel mondo che in un primo tempo ci parve così sollazzevole e felice!

Le favole non erano dunque che alla superficie; ma, sotto, le anime indagavano, i cuori soffrivano.

È la poesia di uomini che si avvolgevano nelle tenebre; e se un'improvvisa parvenza di sole si disegnava, essi ridevano a quella parvenza; ma per tornare subito alle loro eterne tenebre. La parvenza improvvisa è l'amore, è il ritorno della primavera, è il vino nuovo, è la festa di Pale, è la stella di Venere; ma ecco, insieme, inscindibile, l'ombra del dolore. Dolore e amore in uno commisti: in tutti i latini: in Orazio, in Lucrezio, in Catullo, in Tibullo, in Ovidio e in Virgilio. Dolore e amore nella commedia, nella tragedia, nella satira, nell'epopea; dolore e amore nella prosa degli storici, dei filosofi, degli oratori e dei didascalici. Così nei greci; è difficile comprendere come alcuni abbiano scritto essere stati i greci i più lieti uomini di ogni tempo. Non sono lieti Socrate, non Platone, non Pindaro, non Esiodo, non Saffo, non Alceo, non Eschilo; né alcun altro che in poesia o in prosa si abbia tramandato il suo pensiero.

Così il discorso ci porta a dire come in un secondo tempo,

dispersesi da sé le sollazzevoli favole e manifestatosi il vero volto dell'umano amore e dolore, potemmo ricongiungere a noi, uomini di oggi, ognuno degli antichi; e potemmo anche risalire con essi a quel commosso e profumato e doloroso latino della nostra campagna; e ci apparve come i due latini non fossero fra loro tanto distanti che in molti punti non potessero intrecciarsi insieme; così appunto come la Chiesa ha voluto.

Superata la prova, col ritorno al latino che ci fu nutrimento al tempo delle serene letture, è stato facile anche il ritorno alla casa nativa. La superficie del lago si rifece liscia e tranquilla. I pioppi e gli ontani ripresero a rispecchiarsi nel fondo dove ghiaie colorate riflettevano i raggi del sole.

Per tale modo chi voglia rivederci ancor oggi, chi voglia dare un senso definito a tutto il corso di questa nostra vita – e volgiamo preghiere al Signore ut dignetur[38] concederci ancora qualche poco di questo tempo di cui ogni attimo è una grazia – chi voglia ritrarci nella nostra pienezza, ha da portarsi a quel tempo specie alle ore delle rogatrici mattinate di maggio.

Lungo è già certamente il corso, e l'ora del nunc dimittis[39] non è lontana; ma le scaturigini di allora non sono disseccate e ripullulano anzi di un'onda che di giorno in giorno ci pare farsi più tersa; e ci pare – o forse è inganno? – che domani sarà anche più e più ancora il giorno successivo e così il giorno che verrà dopo e sempre; e questa è forse la ragione per cui abbiamo rivolto preghiere al Signore ut dignetur[40] di conservarci un altro poco quaggiù.

Ci pare inoltre che il nostro corso sin qui, pur attraverso a tanti oceani e sotto tante latitudini, non sia stato che il passaggio da luce a luce; e dinanzi a noi abbiano ad essere ancora tanti e quasi infiniti gradi e che ognuno di essi, per la vista fattasi più acuta, abbia a portarci centuplicati fasci di raggi insieme con centuplicati trionfi dell'anima. Ma ci pare anche, così salendo di grado in grado, che più chiaro si faccia intanto il senso di quei lontani giorni di maggio; e che la senectus[41] che verrà abbia ad essere come l'ultimo

---

38 affinché si degni
39 ora lascia
40 Come nota n° 39.
41 vecchiaia

anello di una catena che si congiunga con l'anello che allora si formò.

Anello, allora, di croci levate al cielo, anello di fiori di campo, anello, sotto l'azzurra volta del cielo, di pacificata letizia; e anello, domani, di vita conclusa, anello di fasci di raggi, anello di chi insieme con noi raccoglieva raggi: da unire tutti, i nostri e questi, per quella che nel Credo è detta sanctorum communionem[42], allo stesso ultimo e conclusivo anello della catena che si chiuderà nell'ora che le estreme voci della lingua materna scenderanno così: «In Paradisum deducant te Angeli[43]».

---

42 comunione dei Santi
43 Gli Angeli ti conducano in Paradiso

21. - Affectuum cursus[44]

Più lungo, sì, d'una navigazione oceanica; e il corso al modo dei poeti antichi è stato segnato dalle nostre scritture. Esse sono state e sono ancora come il nostro giornale di bordo. Navigatori di oggi, navigatori del 900, è vero; ma ognuno di quegli antichi ci tenne alla sua scuola, tanto che talvolta usammo persino la loro lingua.

Ma è tutto anche un affectuum cursus[45]. Più che alle cose esterne – che pure tante e varie e mirabili furono – noi ci siamo ripiegati alle interne e abbiamo guardato nel nostro cuore. Ci è avvenuto talvolta di pensare che la natura nel comporlo, questo nostro cuore, non abbia avuto mano leggera, che cioè abbia usato prodigalità a danno di qualche altra parte di noi stessi.

Il notturno pianto sotto la gioia stellare è stato anche il nostro; e a sfogliare le scritture del passato vedremmo inediti i canti che ora la senectus[46] che s'approssima, ci è di ritegno a trascrivere.

Eppure più il tempo trascorre e più grande è il numero degli anni che i vicini contano sul nostro capo, più la fonte degli affetti è pronta a traboccare, come anche è mostrato in tutte queste note che senza un ordine prestabilito scendono giù.

Nulla tuttavia ci impedisce di trascriverne uno di quei canti e ci sono di ausilio le voci latine che dandogli un senso di lontananza,

---

44 Il cammino dei sentimenti
45 Come n° sopra.
46 vecchiaia

non tolgono tuttavia ad esso la freschezza e il sapore della modernità.

Balsamo doloroso anche questo: attimo fuggente: ché dietro il vigeo, vireo, refulgeo[47], sta in agguato il tempo che tutto discioglie.

Ecco dunque il canto lontano: O pulchra! o cara! Qui possum cordis mei plenitudinem dicere? O deliciae meae, pulcherrima inter pulcherrimas, suavissima inter suavissimas, ut dulcius cor tuum melle, ut sole clarior mens tenerissima tua!

Nihil sine te sum. Sine te perditus sum. Sine te per umbras nocturnas tremens, pedibus infirmis, corde moeroris pleno, pavidus, miser, desertus, ad imaginem tuam vanam brachia tendens, te submissa voce vocans, mihi ipsi miserandus vagor.

Sed tecum vigeo, vireo, refulgeo, incendor, laetitia efferor pedibus solum relinquo, iam iam ortis alis evolo.

O convivium tam ornatissime ornatum! Tam ornatissime in convivio mella et dulcia poma odorem emittunt; nosque dulcibus vinis labra admovemus, tibiarum sonus iucundissime errat, micant stellae, luna blandulos radios per campos effundit, lusciniae plorant, murmurant rivi, ros floribus blanditur, in rebus dormientibus silet gaudetque pax.

Nunc nunc una tu, puella, et ego ad astra evolabimus; una inter astra perpetuo beati, astra et nos, tu et ego, ego et tu, novissima astra, omnium astrorum fulgidissima, omnium astrorum dilectissima, perpetuo oculorum tuorum dulcis lux in oculis meis, oculorurn meorum lux perpetuo in oculis tuis, oculi perpetuo beatitudine mutua fruentes.[48]

---

47 sono forte, vigoroso, risplendente

48 O bella! o cara! Come posso dire la pienezza del mio cuore? O mia delizia, bellissima fra le più belle, dolcissima tra le più dolci, come il tuo cuore è più dolce del miele, come la mente tua dolcissima è più risplendente del sole! Non sono nulla senza di te. sono nulla senza di te. Senza di te sono perduto. Senza di te, tremebondo fra le ombre della notte, infermo nei piedi, pieno di tristezza nel cuore, pauroso, triste, abbandonato, tendendo le braccia alla tua immagine vana, chiamandoti con voce sommessa, vado girovagando miserevole a me stesso. Ma con te sono forte, vigoroso, risplendente, luminoso, pieno di letizia, cammino senza toccare terra, volo su ali. O banchetto allestito con grande eleganza! In un così adornato banchetto profumano i mieli e le dolci mele e noi avviciniamo le labbra ai dolci vini, il suono dei flauti si diffonde allegramente, risplendono le stelle, la luna effonde nei campi i suoi dolci

Verum nimia beatitudo me verbis fraudat. Quomodo tandem te vocem? Dilecta mea, adamata mea, quomodo iterum te vocem? Puella, sponsa, uxor, una euntes, una convivantes, una per silentia silvarum flores carpentes, una ad fontium aquas gelidas festinantes, bibentes una, dum querulus labitur rivus leniterque per frondes virentes murmurant venti.

Tanta totque verba dicere velim: nihil dico. Vires me deficiunt. Tantum dicam te amplectens: mea mea, tota mea. Pulchra mea. Deliciae meae. Pulcherrima inter pulcherrimas, beatitudo mea, te amplectens ego, tu me amplectens, una ambo dicamus: Mea mi, mi mea, mea mi, mi mea; o mea, o mi, o beatitudo mea![49]

Il canto lontano non è chiuso così; ma è quasi se da questo punto dovesse avere il suo vero inizio. Lungo e vario è il cursus: l'ho già detto.

Forse l'essenza di quell'ineffabile fatto spirituale che nelle parole latine è stato adombrato, non è raggiunta.

Le anime non si avvicinano tra loro se non per una mutua offerta di bellezza: il canto che riuscirà a dare questo senso preciso della mirabile offerta, sarà il canto perfetto.

Non v'è cosa di cui più io senta pentimento, quanto il non aver dato alle stampe, a suo tempo, i canti di cui questo di sopra è un saggio. Allora era la stagione propizia; ora l'autunno dice: «È tardi, figliolo».

---

raggi, gemono gli usignoli, mormorano i ruscelli, la rugiada accarezza i fiori, c'è silenzio e pace serena in tutte le cose addormentate. Ora tu sola, o ragazza, e io con te voleremo verso le stelle; beati insieme per sempre fra gli astri, gli astri e noi, tu e io, io e te, le stelle più nuove, le più spendenti stelle, le più dolci, per sempre la dolce luce dei tuoi occhi nei miei occhi, la luce dei miei occhi per sempre nei tuoi occhi, gli occhi godranno per sempre della nostra beatitudine.

49 Forse una troppo grande beatitudine mi inganna con le parole. In che modo ti chiamerò dunque? Mia diletta, mia amata, in che modo ti chiamerò di nuovo? Fanciulla, sposa, moglie, camminando insieme, banchettando insieme, raccogliendo fiori nel silenzio delle selve, affrettandoci insieme alle gelide acque delle fonti, bevendo insieme mentre scorre il lamentoso ruscello e leggeri mormorano i venti nelle verdi fronde. Vorrei dire tante e grandi parole: non dico niente. Mi mamcano le forze. Solo abbracciandoti dirò: mia, mia, tutta mia. Mia bella, mia delizia, bellissima fra le più belle, mia beatitudine, mentre ti abbraccio, mentre mi abbracci, insieme diremo: Mia a me, a me mia, mia a me, a me mia; o mia, o me, o mia beatitudine!

22. - Praediolum nostrum[50]

Ora qui la penna – ancilla fidelis[51] – non sarebbe aliena dal fare un excursum in alios hortos non minus quam iuvenis amantis puellaeque secretos[52].

V'è più addietro un passo non del tutto chiaro o forse troppo chiaro, dal titolo: «Il podere». Il podere: praedium. Il difetto del passo è in questo, che giunta a un certo punto l'ancilla fidelis non ha osato aggiungere altro; forse perché sentiva che il praedium aveva come un'anima e che, a continuare, essa avrebbe denudato quell'anima. Veramente l'anima non era del podere, ma era di quel giovane che del podere aveva fatto, in quello strano e candido modo, l'acquisto.

Ora chi dopo tanti anni ripensi a quel praedium e insieme a quel giovane, che adesso non è più tale, è portato a plaudire alla sapienza degli antichi che ci hanno tramandato in proverbio come non esista sofferenza se non nell'amore; e che l'amore e il soffrire sono così strettamente legati insieme che l'uno non può stare disgiunto dall'altro.

L'ancilla dunque non ha osato. Ma le fu grave; e mentre retrocedeva, voltava pur indietro il capo e le pareva che lasciasse là una parte di sé e che la sua opera per questa ragione fosse incompiuta.

---

50 Il nostro podere
51 serva fedele
52 visita in altri orti non meno di ciò che farebbe anche una fanciulla nei segreti del suo giovane innamorato

Vi si presta ora il sermo latinus[53] del quale allora ella non era entrata ancora in possesso. Così è lieta perché può abbandonarsi al suo lamento triste e dolce ad un tempo; e nessuno le scagli il sasso della condanna e nemmeno le dica la parola della riprovazione perché lei è innocente e buona; ma sia amata, anzi, più di quanto non fosse prima. Lamentarsi in pubblico non avrebbe potuto perché le sue lacrime sarebbero cadute invano: ora si ritira nel suo hortum secretum[54], e dietro una cortina di ombre silenziose si effonde con le ombre stesse.

È probabile che qualcuno vi trovi la chiave di cose che altrimenti non avrebbero avuto spiegazione; e che finalmente sia manifesto qua re in hoc viro ad omnium terrae coelique bonorum elationem nato semper anxii quodam ignoto ense suspenso fuerint dies[55].

Ancilla enim queritur submisseque flet, praesertim cum sibi commemoratum faciat praedium nostrum aere alieno emptum esse nec postea, aliter ac in votis et in voluntate fuerit, nos, bellis nudisque musis versatos, plane solvere potuisse; idque tot annis diurnum nocturnumque comitem super humeris nostris, quin etiam in intimo corde, pondus tam sollicitum fuisse ut haud raro mortem vocaverimus quae nos liberaret.

Omnibus tamen omnino manifesto apparet praedium se ipso pondus non esse: praedium dulce, amabile, iucundum, omnium fere gaudiorum fons, praedium sacrum ut transeuntia bona moestaque eorum sum, suavibus oculis eius mulsum, blandientibus eius manibus in arborum corticibus, in floribus, in herbis, in segetibus novis, in centum fontium puris aquis, in aprilibus florentium malorum gemmulis tactum; praedium tanquam sanguis sanguinis nostri, praedium ab antiquissimis maioribus nostris ad pium patrem continenter conductum atque hac re praedium sacrum ut transeuntia bona moestaque eorum simulacra videamus, eorum animos sentiamus verbaque dulcia audiamus: praedium nostrum amicum, praedium vim ferens, curas fugans, risum vocans, claritatem effundens, laetitiam praestans: praedium nemorosum

---

53 la parola latina
54 giardino segreto
55 per quale motivo, in quest'uomo nato per l'esaltazione di tutti i beni del cielo
e della terra, i giorni siano sempre stati ansiosi per una ignota spada sospesa

profluentibusque aquis hilaratum, praedium clivis leniter declinantibus amoenum, praedium imminentibus defensum montibus, praedium omnium praediorum oculus, praedium miro afflatu animos inflammans, praedium quod nos ad musarum convivia adduxit, praedium fere alter nostri effector, praedium osculis nostris affectum, praedium amatum quantum nullum praedium unquam: praedium nocturno lunae lumine cultum, praedium frigidis roribus matutinis irroratum, praedium ,primis solis radiis consecratum: o, hoc praedium maximarum nostrarum sollicitudinum origo est, quod cum aeris alieni non plane soluti appareat umbra, subito omnia gaudia fugantur nosque trementes, huc et illuc oculos vertentes, clamamus: «Quomodo tandem istis nos sollicitudinibus levemus?»[56].

Nec est in nobis quidquam quo rubere debeamus: nulla culpa damnandi sumus. Nemo sub sole est qui maiore fide se dederit gravibus operibus diuturnisque laboribus qui videantur ad vitam curis carentem ac ad commodorum serenitatem ducere.[57]

---

56 Tuttavia appare a tutti assolutamente chiaro che il podere in quanto tale non è un peso: un podere dolce, piacevole, amabile, quasi sorgente di tutte le gioie, un podere sacro come le cose che passano e i loro mesti beni, sono addolcito dai suoi occhi soavi e dalle sue mani carezzevoli sulle scorze degli alberi, sui fiori, fra le erbe, nei nuovi seminati, nelle acque pure di cento fonti e colpito dalle gemme a praline dei meli in fiore; un podere sangue del nostro sangue, passato dagli antichissimi nostri antenati in una successione ininterrotta fino al pio babbo e anche per questo è sacro affinché vediamo le cose transeunti e i loro mesti simulacri, sentiamo i loro animi e ascoltiamo le loro dolci parole: podere nostro amico, podere che dà forza, che mette in fuga le preoccupazioni, che ridona il sorriso, che arricchisce di nobiltà e colma di letizia; podere boscoso e reso gaio da buoni corsi d'acqua, podere piacevole per dossi leggermente inclinati, podere difeso dai monti sovrastanti, podere perla di tutti i poderi, che infiamma gli animi di bella ispirazione, podere che ci ha condotti ai banchetti delle muse, podere quasi altro nostro formatore, podere toccato dai nostri baci, podere amato più di ogni altro mai: podere rivestito dal chiarore notturno della luna, podere irrorato dai freschi mattini della quercia, podere consacrato dai primi raggi del sole: o, podere origine delle nostre più grandi preoccupazioni, fin che resta l'ombra del debito non pienamente estinto, subito sono messe in fuga tutte le gioie e noi tremebondi, girando gli occhi qua e là, esclamiamo: «In che modo riusciremo a toglierci finalmente questa ansietà?».

57 Eppure non c'è in noi nulla di cui dobbiamo arrossire: non siamo da incolpare di nulla. Non c'è nessuno, che si sia dato con più sforzo a nobili iniziative e a

Sed est in fatis fortasse ut poetae, non minus quam vulneratae altera ala avi, solliciti dies sint agendi; sin aliter poeta nimia beatitudine affectus se humanae naturae participem esse oblivisceretur.

Si culpa est, nimiae spei culpa peccavimus; praecipue cum candide confidebamus musas olim praemia laturas ablaturasque esse aes alienum quod, ut nebula orienti sole collustrata, esset per aëra soluturum.

Id vero usque ad hunc diem nullo modo evenit; ut nostro sumptu, ehi nobisl, didicerimus quam vera antiquorum sententia sit: «Carmina non dant panem»; immo vero in quodam nostro libello affirmavimus: «Carmina non dant panem, sed panem manducant».[58]

Est enim quaedam nova manducatio longum optimumque omnium nostrorum dierum tempus ad ea collatum: propitium primae lucis tempus, laetum virium refectarum tempus, cum, quidquid agimus, bene semper evenit subterque digitis nostris cuncta crescumt, florent, fructum afferunt: tempus adeo dives ut illud agricolae in ore aurum habere dicant.[59]

Sic ancilla in secretis horti umbrosi flevit submisseque questa est; atque haud scio quo modo jam oculos eius videamus clariores factos eosque in partem fisos unde oriens sol magnam ferat spem: tempora sollicita forsitan fugiant oevumque benignius nobis

---

diuturni lavori, che sia visto arrivare ad una vita priva di preoccupazioni e a una serenità piena di pace.

58 Ma è fatale, forse, che i giorni del poeta siano costretti ad agire, non meno dell'ala buona dell'uccello ferito; altrimenti il poeta preso da troppa beatitudine dimenticherebbe di essere parte dell'umana natura. Se c'è una colpa, abbiamo solo quella dell'eccessiva speranza; soprattutto per il fatto che confidavamo candidamente che le muse un giorno si sarebbero fatte portatrici del premio e eliminatici del debito, che, come nebbia rischiarata dal sole nascente, si sarebbe dissolto nell'aria. Ma fino a questo giorno ciò non è avvenuto in nessun modo; così che per il nostro spendere poveri noi!, imparammo quanto sia vero il detto degli antichi: «I poemi non danno pane»; noi invece, abbiamo affermato in un certo nostro scritto: «I poemi non danno il pane, ma lo mangiano».

59 C'è infatti una certa maniera nuova di mangiare a cui è unito un lungo e miglior periodo dei nostri giorni: il tempo proprio della prima luce, tempo lieto delle forze ricuperate, quando qualunque cosa facciamo va sempre bene, e sotto le nostre dita ogni cosa cresce, fiorisce e fruttifica; proprio quel tempo ricco, che, come afferma il detto contadino, ha l'oro in bocca.

exordiendum sit. Trans hortos est qui venit vocemque dat: Jo, spes bona! Jo io, praediorum poeta, Vergilii frater, spes bona venit! Ad te levamen tuum venit! Tempora sollicita fuerunt! Jo io io! Praedium tuum tot sollicitudinum fons fuit; posthac nihil aliud quam dulcium rerum origo erit: laeto corde cane fructus, herbas, segetes, fontes et montes, omnium agricolarum frater, omnium hominum bonae voluntatis amicus.[60]

---

60 Così l'ancella ha pianto nei luoghi ritirati dell'orto ombroso e si è sommessamente lamentata; ma non so ancora in che modo ormai possiamo vedere i suoi occhi, divenuti più chiari e in parte fissi là dove il sole nascente porti la grande speranza; i tempi inquieti forse saranno messi in fuga e dovremmo entrare in un evo più favorevole. C'è qualcuno giunto al di là degli orti che grida: Jo, buona speranza! Jo, viva, poeta dei poderi, fratello di Virgilio, ti sta arrivando la buona speranza! Ti sta arrivando la tua gioia! I tempi tormentosi furono! Jo, viva, viva! Il tuo podere, fonte di tante sollecitudini si rallegra; d'ora innanzi non sarà più nient'altro che motivo di cose dolci; con gioia canta i frutti, le erbe, le messi, le fonti e i monti, fratello di tutti gli agricoltori, amico di tutti gli uomini di buona volontà.

23. - Patriae vox[61]

Fin qui l'ancilla fidelis[62]; e non è chiaro donde ella tragga la speranza delle ultime battute.

Che sia forse dalla fortuna che avrà nella terra nostra questo piccolo libro della cosa da nulla?

Ma non è forse neppure qui; ché l'esperienza ci ha ammaestrati anche in questo: di non attendere nulla in ricompensa.

Il quale apparentemente è fatto anche per nostro diletto; ma il vero è che il musarum alumnus[63] opera a sua stessa insaputa per un fine che trascende il suo personale interesse: egli è la voce stessa della sua nazione. Le sue lunghe vigilie, la lontana meta da raggiungere, il suo pianto, la sua miseria sono necessarie per la maturazione di quella voce che un giorno la nazione riconoscerà per sua.

---

61 Voce della patria
62 serva fedele
63 discepolo delle muse

24. - Amo, amas, amat[64]

Prevedevo, sì, che la cosa da nulla mi avrebbe portato lontano; ma le previsioni sono oltrepassate: perché ora stento a ricordare il punto di partenza.

Ho lasciato che la penna si movesse a suo gradimento e che ogni pensiero che si affacciasse, trovasse pure la sua espressione. Né vi è in me pentimento; e forse continuerei perché la fonte è tutt'altro che spenta. Questo raggio di sole che batte sul foglio cominciato, non è qui a caso: più sopra ho pur detto le lodi al luminoso astro benefico e il raggio è sceso per ringraziarmi.

Ma io sento pur tanto tremore in me! La penna s'è mossa secondo il suo gradimento, ma certe soglie non ha potuto varcarle. Vi sono limiti alla penna anche quando le allentiamo le briglie e che ella vada pure errando dove più le talenti. Limiti di ogni natura; ché possanza e lena le manca, e dove l'una e l'altra giungerebbero, il ritegno sorge e avverte: «Di qui non si passa».

Oh, se i limiti della prima natura non fossero! Dal giorno che il primo uomo apparve sulla terra, il pensiero cominciò a costrurre le sue architetture dell'universo; ma il pensiero dell'uomo successivo distrusse sempre quelle architetture per costruirne altre; e così ognuno che si affacci a questo immenso, mirabile, infinito, tanto caro e tanto inquietante mistero delle cose è sempre come se fosse il primo uomo: quindi sempre nuovo, sempre disarmato e bambino, con un'ansia di conoscere e con la certezza che giungerà alla sera della sua giornata mortale senza aver conosciuto la cento milionesima parte delle meravigliose opere del creato. Ecco quali soglie sono escluse alla penna; che sta lì, di fuori, con occhi grandi

---

64 Amo, ami, ama

e spauriti, e spia, ma i battenti non cigolano sui loro cardini; e lei deve tornare insoddisfatta, e nulla può segnare di quanto vorrebbe, perché nulla ha appreso.

I limiti della seconda natura sorgono anche quando lei si senta nei momenti più abbandonati e felici: il pudore le è impedimento a esprimere gli affetti più soavi, le aspirazioni più alte e perciò più intime e occulte, i sogni più carezzevoli e gradevoli (ogni età ha i suoi sogni!), le pene più assidue e limatrici.

Essa non ama svelarti compiutamente a chi legge e farti quasi suo zimbello. Ad ogni modo nessun moto del tuo spirito le è ignoto; e soffre per te vedendo come le cure quotidiane che ti chiamano lontano da lei, ti tolgano tutto il tuo tempo e quasi non ti diano respiro. E ti rappresenta – affettuosa meschinella – cento e cento che furono sin dai tempi di Roma e sono oggi sotto il sole di ogni meridiano ai quali la penna tolse ogni cura del pane quotidiano e dette loro stato di pace e di riposata attività; e si rammarica e dice: «Perché per quegli altri mi fu possibile; e per te non posso?». E piange la meschinella; ma tu la consoli e le dici tante e così amorevoli parole, e così convincenti argomenti produci che lei a poco a poco entra nella rassegnazione e sorride.

Frattanto il sogno già accarezzato più addietro, ritorna. Non è sogno d'impero o di giardini da mille e una notte. Umilissimo sogno, di poter dividere le ore che ancor ti restano di vita, fra le salutari opere del podere e quelle non meno salutari delle tue carte. Né le prime opere sarebbero a detrimento delle seconde; ma, come è del mutuo dare e ricevere, porterebbero in sé un vicendevole complemento.

Facile ti sarebbe il mostrare che non v'è salvezza nisi in magna parente frugum[65]; che i segni della loro nobiltà gli uomini dovranno pur cercarli sempre apud rivos praetereuntis aquae[66], perché anche gli animi apud rivos, tam incunde et sic caste exsilientes, reficiuntur, corda facilius pulchritudinem acquirunt, sensus omnes se quadam urbanitate suavitateque induunt.[67] Nec satis; quod hae ipsa posteriore nocte laetissimo somnio usus es quo

---

65 se non in gran parte delle messi
66 presso ruscelli di acqua scorrente
67 gli animi presso i ruscelli che scorrono limpidi e gai, si rinvigoriscono, i cuori più facilmente bellezza, tutti i sensi si rivestono di di dolcezza e giocondità.

cunctos homines post te ad suam salutem progredientes cernebas simulque ad te clamantes eos sentiebas: - Ecce dux noster, ecce qui viam salutis aperuit![68]

Un amore nel quale si comporrebbero ceteri animi motus, ut amor Dei, pietas in parentes, mulieris tuae liberorumque cultus, amicorum mutua voluntas, sollertia, alacritas, incunditas; e quibus quaedam oculorum lux quae quasi speculum ostendat et spiritus claritatem et animi benignitatem et cordis lenitatem, escoriatur.[69]

Tutte le energie della terra passerebbero in te e tu torneresti a una seconda giovinezza.

Ma è tempo. Tempus est.[70]

Nell'aula che nella città mi attende, ora, certo, stanno allineando e spolverando i banchi.

Rivedrò dunque gli alunni della mia classe e per nove mesi ogni giorno sarò con loro.

La classe è una seconda. L'anno passato li ricevetti in prima. Erano un po' spauriti perché l'idea del latino e il concetto che s'erano fatti di un professore severo, così agiva sui loro spiriti.

Bastò il primo sguardo perché alla paura subentrasse la confidenza.

Sin dalla prima ora scomparve anche la paura del latino; perché ognuno sapeva coniugare amo, ami, ama, amiamo, amate, amano; e un'ora dopo sapevano dire: amo, amas, amat, amamus, amatis, amant.

I loro occhi esprimevano qualcosa che era prossimo alla felicità.

Erano in numero di quarantacinque: trentuna bambine e quattordici ragazzi: un numero superiore a quanti l'ordinamento

---

68 E non è tutto; nella notte successiva avrai un sogno bellissimo nel quale vedrai dopo di te tutti gli uomini avanzare verso la loro salvezza e nello spazio tempo li sentirai gridare verso di te: - Ecco colui che ci guida, ecco chi ha aperto la via della salvezza.

69 gli altri sentimenti dell'animo, come l'amor di Dio, la pietà verso i genitori, il rispetto verso la moglie e i figli, l'amore vicendevole degli amici, la solerzia, la prontezza, l'allegria; da questi (sentimenti) una luce degli occhi che si rivela quasi come uno specchio e produce la bellezza dello spirito, la benignità dell'animo, la dolcezza del cuore.

70 È tempo (ormai).

stabilisce; ma allontanarne una parte non fu possibile. Qualcuno suggerisce: «Provveda l'insegnante a sfollare. Si conduca innanzi, di classe in classe, i migliori; e gli altri rimangano addietro».

Io non ho provveduto. Per quel benedetto verbo amo, amas, amat, amamus, coniugato così il mattino d'ottobre, è avvenuto che tutto l'anno noi vivessimo in rapporti che non mutarono più da quello della prima lezione; e ogni cosa che insegnassi veniva appresa con la stessa felicità e pareva che continuasse sempre la coniugazione del verbo amo.

Ora ecco – e ne sono certo – essi mi attendono col piccolo cuore che batte come quando un figlio attende il padre.

Quello stesso qualcuno di sopra sta fermo nelle sue posizioni: «Come potesti mai aprire il passaggio a tutti? Sai bene che ogni classe ha pur sempre il suo scarto».

Io rispondo: «Come avrei potuto dire: – Trentacinque, trentotto, quaranta mi seguiranno; e dieci, o sette, o cinque saranno esclusi?».

«Non è possibile» obbietta lo stesso «che fra essi non ci siano stati tali che ti abbiano fatto inquietare? I riottosi, i tardi, i piccoli ribelli non mancano mai nelle classi».

In tutti i miei anni d'insegnamento non conobbi mai fanciulli riottosi e ribelli.

Di riottosi e di ribelli non conobbi neppure alcuno dei miei soldati quando di essi ebbi il comando.

Quasi sempre la causa della riottosità e ribellione è da ricercare non in loro, ma in noi. Uno è riottoso o ribelle quando crede di subire un'ingiustizia; o la subisce realmente. Peggio quando non si scende a lui e non si vuol vedere quanto egli sia vivo e quanto abbia bisogno di te. Occorre avere fiducia in lui; e credergli.

Abele De Stefani aveva vent'anni e la sua terra d'origine era l'Emilia. Fu in licenza e trovò che la mamma era malata. Non aveva che la mamma vedova; e lui combatteva, e ora aveva ottenuto dieci giorni di licenza. Venne l'ora di partire, ma la mamma stava tanto male, che lui non se la sentì di lasciarla così. Uscì fuori già vestito per la partenza; ma poi rientrò, perché la mamma era sola nel letto della casa deserta. Era un ragazzo buono, egli; buono e tenero e non addentro ai maneggi delle cose militari. Diceva: «Non è male quello che faccio. E se ritardo di mezza giornata, lassù nessuno mi moverà rimprovero». Egli avrebbe dovuto provvedere in altro modo al suo caso: recarsi a un comando locale e chiedere un'aggiunta alla licenza. Ma queste cose non sapeva neppure pensarle, per la sua inesperienza. Era il mattino ed egli disse: «Partirò stasera». Ma sotto la notte la mamma fu assalita da una febbre assai alta; e Abele pianse tra sé e disse: «Come è possibile ch'io la lasci così?». Non la lasciò neppure il giorno dopo, perché la febbre era sempre alta. Ma il terzo giorno fu preso da spavento e, chiamata una vicina, la pregò: «Oh, mia mamma!». Egli salì sul primo treno della stazione più prossima; ma a un comando di tappa fu fermato. Furono verificati i suoi documenti e fu rilevato che egli era in ritardo di due giorni e mezzo. Fu telegrafato al comando del suo corpo d'armata, dal corpo d'armata alla divisione, dalla divisione alla brigata, dalla brigata al reggimento e dal reggimento la notizia passò al comando di battaglione perché fosse comunicata al comandante della compagnia. Il nome di Abele De Stefani fu segnato in dieci registri; e in quel fronte dove ogni giorno si combatteva e si moriva a mille e a mille, non parve esservi caso più grave di quello di Abele De Stefani. Il soldato proseguì il cammino; e due giorni dopo fu davanti al comandante del reggimento, il quale aveva già avuto un rabbuffo dai comandanti generali perché non s'era avveduto che un soldato mancava e non aveva passato il rapporto. Perciò disse parole violente contro il giovane che gli stava davanti tutto tremante. E quando il soldato provò a far le sue scuse, il colonnello non credette e gli indicò l'uscio del rifugio e che rientrasse al battaglione. Il maggiore Messina comandava il battaglione; il quale tanto per telefono che con un fonogramma a mano, aveva avuto il biasimo aperto del comandante del reggimento perché non aveva denunziato in tempo il grave caso. Così il soldato, già tanto spaurito e depresso per i propri mali e per le parole del colonnello, si trovò a quest'altro comando che non stava in piedi. Il maggiore Messina doveva punirlo; e così Abele De Stefani fu legato a un palo in un punto esposto ai colpi del nemico. Era un pomeriggio ardente e il sole batteva a picco sul pietraio. Abele non poteva muoversi e le pallottole gli fischiavano intorno. Ma fu risparmiato dal nemico. I cecchini volutamente sparavano più in là. Ma le quattro ore di spavento condussero lui, già così indebolito e avvilito, col sole sul cervello, sull'orlo della pazzia; per cui, slegato all'imbrunire, egli non trovò più la via del ritorno alla sua trincea; e fuggì indietro e giovandosi delle ombre della notte e nascondendosi di giorno errò per una settimana o due. Era veramente pazzo. Commise piccoli furti e assaltò carrettieri notturni. Fu fermato infine da carabinieri, ricondotto verso il fronte; e si cominciò il suo processo. Fu condannato alla fucilazione.

Chi per i fanciulli scrisse quos vult perdere damnat ad pueros[71] doveva aver lui stesso un fondo ben tristo; quod nos pueri non perdunt, sed servant[72]. Illi cotidie puris oculis et oris claro risu nostram renovant vitam atque eorum candidi animi novi sunt nobis speculum et laetitia. Dulci pueri, horti mei tenera virgulta, homines futuri, patriae generisque humani robur, vos eritis quos ego fecero; corda vestra ostendent quae ego immisero, propterea cor meum pulsat quotienscumque vos specto et vobis verba dico. Blande ingressus sum in spiritus vestros sed etiam in meum spiritus vestri ingressi sunt, ita funditus ut nihil nos seiungat. Praeceptor vester, ego; sed etiam pater, amicus, comes, dux unaque disciplina nostra, libenter et generose exercita, altius nobiliusque est?[73]

Quanto ho scritto non potrà più essere ciò che era nell'intenzione prima, cioè prefazione al *tempo di raccolta*; anche perché non più tardi di ieri lo stampatore mi annunziava come egli,

---

71 lascia ai bambini ciò che vuole perdere
72 poiché i bambini non ci perdono, ma ci salvano (forse vuol dire che sbaglia chi affida ai bambini solo cose di poco interesse; dall'esperienza d'insegnante)
73 Quelli ogni giorno con gli occhi puri e il luminoso sorriso del volto rinnovano la nostra vita e i loro candidi animi sono per noi specchio e letizia. Dolci bambini, teneri virgulti del mio giardino, futuri uomini, forza della patria e del genere umano, voi sarete ciò che avrò fatto; i vostri cuori mostreranno ciò che vi avrò immesso, poiché il mio cuore bate ogni volta che vi vedo e vi parlo. Lentamente sono entrato nei vostri spiriti ma anche il vostri spiriti sono andati nel mio, così profondamente che nulla ci separi. Io, vostro precettore; ma anche padre, amico, compagno, guida nella nostra disciplina, esercitata volentieri e generosamente, vi è qualcosa di più alto e nobile?

stanco di attendere, avesse consegnato i sedicesimi al legatore, sì che il libro sarà rimesso fuori così. Di mutato non avrà che la copertina alla quale dà una pacata luce stellare la bella xilografia del pittore Ettore Mazzini. Sotto la pacata luce il tetto della piccola casa ponentina è bianco; e le stelle sono sette: quelle che io ebbi sempre vigilanti su di me sin dagli anni primi, e che per prime chiamai col loro nome di stelle del carro, e che poi seppi denominare anche con costellazione dell'Orsa Maggiore e con quella di Carro di Boote. Ma furono passaggi successivi; e vidi in ognuno dei libri greci e romani come le care stelle fossero definite, e quali influssi esercitassero, e quali fossero le loro operazioni sugli animali e le cose.

Bianca la luce si posa anche sul cesto pieno dei pomi della raccolta, e bianchi con ombrature nere sono gli scalini della scala appoggiata all'albero invisibile. Né visibile è l'uomo che sta cogliendo i frutti; ma in qualche parte ha pur da essere. Forse è fra i rami dell'albero, forse s'è fatto raggio di luce stellare anch'esso e quella meravigliosa luce bianca è parte di lui. Così nessuno, come avviene delle vignette dei fanciulli: «cercate il raccoglitore di frutti», sia portato a far qui la ricerca: nessuno lo troverebbe. È su tutte le cose e non è precisamente su nessuna di esse. È fors'anche in quelle sette lucentissime stelle lassù o forse è di là della soglia della casetta bianca e sta gettando legna sul focolare e tra poco il fumo salirà dal cumignolo alto del tetto.

Tante volte nella sua vita egli vide tornare gli autunni, tanti che ora non li conta più. Ma prima non partiva, e fino alla giovinezza rimase; e seguiva il cadere dell'ultima foglia del grande noce e attendeva che la neve scendesse tacita e candida a coprire i monti e la valle. Visse gli inverni così. Ma un autunno uno strano sommovimento fu nel suo spirito, e allora si mise in cammino e andò lontano trenta o più miglia e giunse a una piccola città e bussò a una porta e pregò: «Mi vorreste con voi?». Gli anni vissuti sotto lo sguardo delle stelle dell'orsa gli avevano formato, sì, il cuore; e molti e ardenti affetti vi fiammeggiavano; ma abissi di limitazioni vi esistevano pure, tanto che se uno gli avesse chiesto: «Chi sei? che vuoi? a quale meta tendi?» egli non avrebbe saputo dare risposta.

Al piede della scala e attorno al cesto il guaime autunnale è piegato a onde: onde bianche con ombrature nere. E vi cerco anche la mia strana piccola cosa da nulla, ma non la trovo. Essa è ora soltanto in me. E il nome lo dirò, perché non posso non dirlo. Ma nel tacerlo per ora sento un non so quale incanto; e così mi è facile il continuare in questa scrittura, perché l'incanto dà colore all'immaginazione e vigoria alla mano sotto la quale i fogli si vengono rivestendo di segni neri che sono la voce dell'anima.

La posta di stamane mi porta una lettera che mi agita non meno di quanto mi agitò la cosa da nulla. Sono richiesto con essa di uno scritto autobiografico da essere stampato in una rivista. L'agitazione è causata dal fatto che allo scritto autobiografico sono segnati dei limiti; e sono: «I vostri primi studi».

Or ecco che da quanto ho scritto più addietro, per quella benedetta luce delle stelle dell'orsa, i miei primi studi furono cosa assai complessa e grave; e un che di misterioso e quasi di doloroso dette ad essi la prima spinta. Il padre e la madre e i fratelli che vedano partire il giovane dalla loro casa così, sono tratti a sospirare: «Ahimè, che avverrà dunque di te?». E le mete da raggiungere sono di tale paurosa lontananza che ogni spirito ne arretra.

Al luogo dove bussai e chiesi: «Mi vorreste con voi?» esitarono ad accettarmi. Le classi formavano camerata e ai superiori doleva mettermi insieme coi piccoli di dieci anni.

Allora io dissi parole molto vive, molto chiare o forse molto oscure; per cui intesi: «Ebbene; rimani». E mi furono benevoli e la gratitudine in me non verrà mai meno.

Quando però il peggio era superato e io stavo per entrare nel terzo anno del ginnasio, ecco che quel qualche cosa di misterioso e di doloroso insieme mi costrinse ad abbandonare i benevoli che mi avevano accettato e a intraprendere un altro cammino.

Allora uno che presiedeva e che più di ogni altro mi mostrò benevolenza, mi chiamò presso di sé e mi strinse le mani e mi chiese – e la sua voce tremava: «Perché dunque ci lasci?». E io non seppi rispondere; e il pianto che nasceva da quel non so che di misterioso e doloroso, dette lui la risposta.

Eppure un perché ci doveva essere; e ora a distanza posso vedere come a rivelarmelo si fossero offerte le trote e i temoli e le ninfe del Noncello, la fioritura del pesco, le violacciocche del piccolo giardino, lo scrittore Eliseo Battaglia, il poeta Lovisolo, il lettore solitario della Bormida, il grano abbattuto, lo sgabelletto sull'uscio della bottega e soprattutto l'apparizione e il bacio della primavera lungo la via di Strevi. Ma ancora altre piccole cose che qui sotto mi piacerebbe annotare. E così anche la rivista avrà lo scritto di cui è stata fatta richiesta.

Cosi nascerà un nuovo libro il cui titolo sarà appunto: «Il bacio della primavera».

I miei libri sono così fatti che l'uno si lega all'altro: sono, in fondo, un unico libro.

Questo e nato da un fiore: la cosa da nulla è un fiore.

È quel fiore color violaceo porporino che appare in settembre ad annunziare: «L'inverno è alle porte».

I botanici chiamano questo fiore colchicum autumnale; e colchico lo chiamiamo noi o anche freddolina o anche zafferano.

Nessun altro fiore ebbe mai maggior potere su di me. Le viole, i campanellini, i narcisi, le rose sono i fiori della vita che rinasce; e per il corteggio di speranze che si traggono dietro, non paiono fatti per le sensazioni intime e durature. Sì; perché domani sboccieranno altri fiori, domani il sole porterà altri trionfi.

Ma il colchico non vede dietro di sé altro che il pallido fiore dei morti; quando sui boschi grigi e spogli passerà l'eco dolorosa delle campane funerarie.

Così dunque è detto il nome dello strano fiore che sconvolge; così è detto perché esso abbia acceso questo fuoco che non vorrebbe spegnersi più.

FINE

Vallechiara di Masone (Genova), autunno 1935 (XIV).

POSTFAZIONE

Carlo Pastorino: vita, opere, valutazione e reperibilità dei testi.

Carlo Pastorino è stato, senza ombra di dubbio, un'interessante figura letteraria nell'Italia dagli anni Venti fino al 1950; tra gli attuali suoi curatori vi sono Alessandro Torricelli, chimico professionista, pronipote di Carlo Pastorino, e Sergio Cesari, pure pronipote, redattore, compositore, correttore di bozze, appassionato di letteratura e storica locale, che autopubblica tramite Amazon - in collaborazione col cugino - suoi libri editi (quelli già disponibili verranno indicati più avanti).

Chi era Carlo Pastorino.

Carlo Pastorino (Masone, 1887), terz'ultimo di sei figli – cinque fratelli e una sorella, è stato uno scrittore, novellatore, poeta dalla vita molto laboriosa non solo in campo letterario, ma fu anche floricoltore e, per la sua terra, pioniere come frutticoltore. I primi anni della sua vita furono dediti al lavoro nelle campagne del paese natio, situato tra i monti dell'Appennino ligure lontano dalla città e dagli studi, studi ai quali poté accedere solo molto più tardi: ottenne infatti una laurea in Facoltà di Lettere solamente nel 1919 all'età di 32 anni. Nel 1920 inizia la sua professione di insegnante in vari istituti sparsi tra Genova, Casalmaggiore, Novi Ligure ed Acqui. La sua fama come scrittore è legata ai libri *La prova del fuoco* e *La prova della fame* nei quali egli rievoca le esperienze vissute nella Grande Guerra, prima come combattente in Vallarsa e sul Carso, poi quale prigioniero di guerra nel campo di Theresienstadt (oggi Terezin, nella Repubblica ceca). Va ricordato che Pastorino, ufficiale, durante la guerra si distinse per atti valorosi che gli valsero una medaglia d'argento al valor militare. Il lavoro nei campi, svolto sin dalla più tenera età, è motivo ricorrente ed ispiratore di buona parte delle sue opere. Ma Pastorino non fu solo un fine scrittore, ricoprì ruoli di rilievo come direttore di collane letterarie, autore di antologie e nel comune di Masone; durante la Resistenza fu infatti a capo del C. L. N. clandestino della Valle Stura e divenne il primo sindaco di Masone dopo la Liberazione. Tra le altre cose a lui si deve, grazie alla sua pia ostinazione, la riesumazione dei martiri della strage del Turchino e la ricostruzione dell'abbazia di S. Maria in Vezzulla, detta "Romitorio", nella cui cripta sono state tumulate le vittime della violenza nazifascista. Fu grazie all'interessamento del deputato Sandro Pertini - legato da vincoli di amicizia con un nipote, Giorgio Pastorino (1918-2012), giornalista, - che il ministro Sereni concesse un contributo di dieci milioni di lire d'allora per la ricostruzione del tempio. Non si può comprendere Carlo Pastorino qualora si ignori il profondo legame che aveva con Vallechiara dove la famiglia viveva da secoli. Infatti intorno al 1750 vi si era stabilito un Antonio Pastorino, marito in seconde nozze di Tomasina Canepa, capostipiti delle sette generazioni che hanno portato a Carlo. Come quasi tutti gli abitanti di Masone i Pastorino di Vallechiara, anche di famiglia differente da quella di Carlo, erano fittavoli dei marchesi Pallavicini allora feudatari della località. Quando il feudalesimo venne abolito i Pallavicini mantennero la proprietà dei terreni, che erano notoriamente restii ad alienare. Nel 1914 Pastorino riuscì però ad acquistare Vallechiara dal marchese Giacomo Filippo Durazzo-Pallavicini, impegnandosi ad un pagamento rateale che durò oltre vent'anni. Per pagare le rate ed anche per dar lavoro al fratello Filippo - divenuto imprenditore edile -, Pastorino dovette vendere diversi lotti di terreno ad amici e conoscenti per la costruzione di villette unifamiliari. In lui era forte il senso della famiglia, generosamente allargata ai parenti, di cui è stato esempio e guida. Si ammalerà gravemente nel 1951 ma continuerà ad insegnare fino al 1959. Morirà nella sua casa di Masone nella tanto amata Vallechiara nel 1961.

Come mai è una figura tanto particolare e importante nel Novecento italiano?

I suoi libri editi, una ventina, vendettero 2000-2500 copie a titolo, il che per l'Italia tra le due guerre costituiva un notevole successo: ma il sentimento che li ispirava non era certo fatto per piacere all'allora dominante regime fascista. Infatti le opere di

114

guerra Carlo Pastorino rispecchiano fedelmente l'opinione cattolica, definita da Benedetto XV "inutile strage".

Come tanti altri intellettuali non legati al regime Pastorino, pur noto, rimase distaccato, continuando a svolgere la sua professione di insegnante ed a vivere nella natia Masone, per gli abitanti della quale egli era «il Poeta» per antonomasia.

Lo scrittore ha avuto il merito di dare memoria ai sentimenti, alle speranze, alle fatiche e alle sensazioni dei soldati, nel suo caso di fervente soldato cristiano, impegnati nelle trincee sparse sulle italiche vette del nord Italia della Grande Guerra, rendendo quindi queste importanti testimonianze accessibili a chiunque. Fu infatti a seguito del libro *La prova del fuoco* che il grande pubblico poté accostarsi agli scritti di Pastorino rendendo loro il giusto tributo.

I sentimenti cattolici di Carlo Pastorino lo hanno fatto guardare con diffidenza dalla cultura «ufficiale» che ha sempre cercato di marginalizzarlo o di minimizzarne l'importanza. I volumi pubblicati dal 1911 al 1961, una ventina come si è detto, con centinaia di novelle, sono solo parte di un'opera letteraria in gran parte inedita, consistente di altri diversi volumi, di cui tre di poesie. Anche nel secondo dopoguerra per le concezioni in voga Pastorino era «superato», tanto che dopo la sua morte, avvenuta nel 1961, possono contarsi sulla punta delle dita quanti hanno dedicato attenzione alla sua opera.

Si ricorda una lettera di Giuseppe Prezzolini, allora insegnante d'italiano alla Columbia University di New York, che informava di aver consigliato ai suoi studenti la lettura de *La prova del fuoco*.

Tra gli estimatori non si deve dimenticare Mario Rigoni Stern, che ha inserito pagine dei libri di guerra di Pastorino in una propria antologia, considerandoli memoria narrativa, ma precisa, di stragi al fronte ed azioni militari al limite dell'eroismo; dove, neanche nei momenti più critici delle battaglie, perdeva di vista la bellezza della natura.

Pastorino ben conosceva il proprio valore, non da autore di best-seller, ma da «autore spiritualista» come lo aveva definito Piero Bargellini – con un senso però non precisabile -, nel suo libro sulla letteratura contemporanea italiana *Novecento*, del 1951: un autore che dà molto, insegna e fa pensare, ma che per questo ha scritto libri che quasi tutti tralasciamo, sia perché si preferiscono più spesso letture d'evasione, ma anche perché l'editoria italiana culturale è stata travolta dagli effetti della sconfitta del nostro Paese nella Seconda guerra mondiale.

Il pensiero di Carlo Pastorino può essere riassunto nella frase «l'uomo è nato libero», frase che spesso ripeteva Elisa Maria, nipote del "Poeta" (madre di Alessandro), e da lui battezzata con questo bel nome; tanto somigliante per averne in comune il più bello dei due, Maria, con quello di alcuni nomi (Angiola Maria, Salva Maria, Maria Cristina, Maria Adelaide, Bianca Maria) delle donne di uno dei romanzi di Pastorino più sconosciuti, l'ultimo, l'inedito *La leggenda di Bosco Appennino*.

Dal secondogenito di Carlo, Piero Pastorino (1926 - 2006), che ha profuso grande impegno nel mantenere viva la conoscenza dell'attività letteraria del padre, anche raccogliendo i suoi ricordi personali nel libro *Mio padre Carlo Pastorino*, la cui prima edizione è uscita nel 1981, ci viene il ventennale paziente riordino del vasto carteggio con molti uomini di lettere e di cultura dei primi sessant'anni del Novecento. Vi è così un archivio della consistenza complessiva di circa 1000 pezzi fra lettere (fra gli altri di Alvaro, Barile, Borgese, Firpo, A. S. Novaro, Prezzolini, Rensi, Semeria, Valeri), manoscritti e fotografie. Piero non si è limitato ad una mera opera di catalogazione, ma ha collegato fra loro i singoli pezzi arricchendoli con propri contributi originali, opera che solo lui poteva fare avendo un'insostituibile memoria storica. Egli ha inoltre conservato la biblioteca ispiratrice del padre, fatta di classici antichi e moderni, italiani e stranieri; essa comprende fra l'altro, prime edizioni pirandelliane con dedica dell'autore e numerose riviste.

Ma se pochi intellettuali appaiono essersi interessati a Pastorino, la gente comune non lo ha mai dimenticato.

L'attuale conoscenza di Carlo Pastorino a livello nazionale, specialmente per quanto riguarda il mondo accademico.
In campo scientifico spiccano i lavori di Francesco De Nicola, che ha cominciato ad interessarsi di Pastorino nel 1980, pubblicandone il carteggio con Giovanni Descalzo e da allora se ne è sempre occupato; curando anche gli atti del convegno «L'opera letteraria di

Carlo Pastorino» tenutosi nel 1987 a Genova e Masone. Attualmente vi è anche la professoressa Maria Teresa Caprile, già autrice di una tesi su di lui. In passato, con una relazione per il Convegno del centenario, vi è stato tra gli estimatori accademici anche il professor Franco Montanari.

Il professore e critico letterario Alfredo Galletti (1872-1962), dedicò all'Opera di Pastorino, con lusinghiero commento, le pp. 594 e 595 ne *Il Novecento* del 1945, della *Storia letteraria d'Italia* a propria cura.

Alcune altre tesi sono state oggetto dell'opera dello scrittore.

Del 1987 è *La mia Liguria*, antologia di scritti pastoriniani di Bruno Rombi, ecclettico scrittore e poeta che ancora nella primavera del 2015, a ottant'anni, ha partecipato ad un convegno in Romania con la relazione «Le prove della vita dello scrittore Carlo Pastorino».

Il ricordo delle confidenze ricevute in gioventù dall'amico e figlio di Carlo Pastorino, Piero, ha permesso al professor Tomaso Pirlo di ricostruire, in un articolo comparso nel 2015 sulla rivista "Urbs: silva et flumen" di Ovada, gli incontri che avvenivano a Vallechiara, nella casa del «Poeta» (e bene ha fatto il direttore Alessandro Laguzzi a corredare l'articolo con schede biografiche che facessero comprendere ai profani che si trattava di personaggi di grande rilievo).

Una citazione particolare meritano gli abitanti della Vallarsa, dove si svolge per due terzi *La prova del fuoco*. Le iniziative in sede locale sulla «Grande Guerra» non mancano mai di ricordare Carlo Pastorino e l'importanza per la Vallarsa della permanenza dello scrittore masonese, che è ampiamente evidenziata nel libro *Il montanaro* dei coniugi Mario Martinelli e Fiorenza Aste (ideatori dell'annuale festival della montagna «Tra le rocce e il cielo»), pubblicato nel 2008 e tradotto anche in inglese. Una scuola media, ora trasformata in luogo d'incontro per anziani, è stata a lui intitolata.

La messa, legale, in amministrazione controllata dei beni della proprietà dei marchesi Pallavicini (che comprendevano – e comprendono in gran parte ancora - quasi l'intero territorio del Comune), nel 1945, da Carlo Pastorino, sindaco, è stata ricostruita avvalendosi di approfondite ricerche d'archivio nel libro *Il sogno infranto: Carlo Pastorino e Masone 1942-1945* di Pasquale Aurelio Pastorino. Ma gli Anglo-americani disconobbero le decisioni di tutti i C. L. N. Carlo Pastorino era sì idealista, ma non ingenuo ed il suo era stato anche «un gesto dimostrativo», sapendo che il suo atto "rivoluzionario" non avrebbe potuto in pratica essere né accettato né realizzato. Forse l'episodio influenzò la mancata pubblicazione de *La leggenda di Bosco Appennino*, un romanzo del quale è stata edita solo la prima (*Il Sempiterno*) delle cinque parti che lo compongono. Uno dei temi del libro è la proprietà della terra ed i doveri che essa comporta e la quinta parte contiene il racconto della tragedia del Turchino. Nelle stupende oltre duemila pagine della *Leggenda*, vi è in metafora la storia dell'Italia e tutto l'essere di Carlo Pastorino: la sua meravigliosa vita, il suo pensiero umano, letterario e religioso e la sua visione del mondo. Con suo rammarico egli non fu nemmeno presente alla cerimonia d'inaugurazione del «Romitorio» ricostruito, come ricorda Piero Ottonello nel suo libro *Santa Maria in Vezzulla a Masone: da rudere a sacrario*.

La famiglia del "Poeta".

Carlo Pastorino ebbe due figli dalla moglie Carmelina Cesari; il primo, Agostino (1920-1984), seguì come lui (che lo aveva fatto per essere indipendente da editori e circoli letterari) la strada dell'insegnamento. Combattente sul fronte greco-albanese e poi partigiano, Agostino venne catturato in seguito a una delazione, interrogato alla famigerata «Casa dello Studente» ed infine rinchiuso nel carcere di Marassi. Di quest'ultima esperienza ha lasciato un'importante testimonianza in diverse lettere pubblicate nel 1994 a cura di Francesco De Nicola nei «Quaderni di storia contemporanea» dell'"Istituto per la storia della Resistenza di Alessandria". Agostino Pastorino ebbe la cattedra di Letteratura cristiana antica nelle università di Urbino e Genova, con una parentesi non secondaria come preside del liceo scientifico «Cassini» di Genova negli anni della contestazione giovanile.

Il citato secondogenito di Carlo Pastorino, Piero, fu giornalista professionista de "il Lavoro", lo storico quotidiano genovese di cui divenne critico letterario e teatrale. Al quotidiano ligure Piero restò tutta la vita, anche se negli ultimi anni fece parte della redazione genovese de "la Repubblica", che aveva assorbito il giornale. Importante la sua attività di scrittore con diversi libri su Genova.

Piero Pastorino ha avuto tre figli, gli attuali eredi, che non hanno conosciuto il nonno, ma che hanno forse di più potendo frequentare anche le sue opere inedite o non più reperibili.

Se qualcuno volesse leggere suoi libri dove li potrebbe trovare?

Oggi alcune persone si impegnano per far sì che a Pastorino sia riconosciuto il posto che merita nella storia della letteratura italiana. Da alcuni siti Google, tra i quali Wikipedia e "Carlo Pastorino sito nuovo..." (riccamente illustrato), e anche per estrapolazioni eseguite dai suoi scritti, si può approfondire la figura dello scrittore. *La prova della fame*, a cura di M. T. Caprile, e stata appena ripubblicata da Gammarò Editore, sia in cartaceo sia come e-book.

Libri storici di Carlo Pastorino sono reperibili, talvolta anche a prezzi elevati, mediante acquisti online; e se si è fortunati in bancarelle.

Invece, ristampe di alcuni dei libri di Carlo Pastorino sono disponibili in diversi bookstore online tra i quali il più famoso ed accessibile è Amazon.

Sappiamo purtroppo che l'editoria ha avuto un notevole calo negli ultimi anni, anche a causa della crisi economica, e per il progressivo avanzare di nuove tecnologie che offrono un'alternativa ai classici libri nelle librerie. Abbiamo perciò deciso di appoggiarci ad una piattaforma di autopubblicazione chiamata CreateSpace che ci permette di mantenere alta la qualità del prodotto ed una certa autonomia riguardo le scelte gestionali del progetto. Siamo noi infatti che decidiamo il formato in cui vengono stampati i libri, i font utilizzati per la scrittura e realizziamo personalmente le copertine.

Il nostro desiderio di procedere alla ristampa delle opere di Carlo Pastorino si è concretizzato all'incirca un anno fa; ci è sembrato utile inizialmente dare, a quei lettori che non lo conoscevano, un testo che li introducesse alla figura dello scrittore, perciò abbiamo optato per una biografia, biografia scritta dal secondogenito di Carlo Pastorino, Piero, intitolata *Mio padre Carlo Pastorino*. Il libro è stato insignito del premio "TARGA SPECIALE" per la biografia al Premio Cosenza "VERRINA-LORENZON" 1982.

Secondariamente abbiamo scelto *Rospetto*, romanzo questo, indicato anche per i lettori più giovani. Giovane infatti è pure il protagonista di questo commovente racconto nel quale Pastorino narra la storia di un piccolo rimasto orfano in tenera età. Ricorrente, qui come in moltissime altre delle sue opere, è il tema della religione, dove, per mezzo della penna del poeta, il confronto tra uomo e Dio si fa concreto. Era infatti profondamente credente Carlo Pastorino, e nei suoi scritti si avverte inequivocabilmente la sua forte fede in Dio.

È stato poi il momento de *Una cosa da nulla (Quasi un romanzo)*. Qui Pastorino si cimenta anche con la lingua latina, che unita all'italiano dà vita ad un felice matrimonio linguistico, dove le due lingue si mescolano armoniosamente. Il figlio Piero nella biografia dedicata al padre così ne parlava: «Fu opera singolarissima questa di mio padre, per la quale forse troppo incautamente egli venne accostato a un certo modo di procedere panziniano. Opera in sé perfetta, se si eccettui qua e là qualche caduta moralistica, la narrazione raggiunge accenti lirici di un preziosismo inimitabile; e la casa e il praediulum, il poderetto riscattato con grande fatica, diventano essi stessi fatto spirituale»

Si è giunti poi a *Il miracolo dei funghi* dove Pastorino ci presenta una serie di racconti. Questi vedono narrate le vite e le vicissitudini di povere genti che hanno a misurarsi con le cose quotidiane, ma anche con eventi ben più tragici come la guerra e i tormenti che essa porta nei cuori delle persone che ne sono partecipi, o i drammi legati ad ingiustizie processuali. Pastorino è maestro nella caratterizzazione dei suoi personaggi, egli riesce sempre a infondere una grande dose di umanità in quel che scrive, e tutto è permeato da un senso di pietas che è difficile non fare proprio e che avvicina il lettore ai protagonisti di queste storie.

Lo storico quotidiano "Il Corriere della Sera" ha recentemente inserito il libro *La prova del fuoco* nella collana "*Narrativa della*

Grande Guerra", a frequenza settimanale, che è stato disponibile nelle edicole in allegato al giornale e a "Oggi" il 9 agosto 2016.

Alessandro Torricelli
Sergio Cesari

Tra le opere di Carlo Pastorino pubblicate si ricordano:

La Madonna di Fanaletto - Battistelli - Firenze, 1921; ripubblicata poi dall'Ed. Ancora - Milano; ed ulteriormente nel 1942, come terza edizione riveduta, da Editrice Àncora, Milano.

Il ruscello solitario - R. Sandron - Palermo, 1924; ripubblicato in edizione definitiva da Pagano Ed. - Genova, 1950; ed ulteriormente nel 2000, ma decurtata delle prime 100 pp., da De Ferrari Editore, Genova.

La prova del fuoco (Cose vere), l'opera più nota di Pastorino, sulla Grande Guerra, che è stata lettura d'italiano consigliata da G. Prezzolini ai suoi studenti della Columbia University di New York, come ne scrive lui stesso a Pastorino nel 1931; 2010, Egon Edizioni. Allegata al "Corriere della Sera" e a "Oggi" il 9 agosto 2016 nella Collana Narrativa Grande Guerra.

Bacche d'agrifoglio - Artigianelli - Pavia, 1930; poi riscritta, di questa si scrive sotto nelle opere inedite.

Una cosa da nulla (Quasi un romanzo) - Editrice Àncora - Milano, 1933. Ora su Amazon-it.

La prova della fame - S.E.I. - Torino, 1939. Ora su Ed. Gammarò, 2016.

Il canto dell'uccello migratore - Garzanti - Milano, 1940.

La mia Liguria (antologia a cura di Bruno Rombi) - ECIG - Genova, 1987.

La mia guerra (*La prova del fuoco*, *La prova della fame*) - Casa Editrice Marietti - Genova, 1989; non più nel catalogo della omonima Casa, attualmente con sede a Milano.

Rospetto deriva da *Il fratello mendico*, S.E.I., Torino. Questo romanzo pastoriniano, del 1927, è stato rielaborato dall'autore, con un'aggiunta finale, in *Rospetto* (I edizione: Genova, Pagano, 1951. II edizione, scolastica, a cura di Livio Piana, Milano, Trevisini Editore, è senza data ma postuma, quindi dopo il 1961). Attualmente acquistabile, in autopubblicazione, su Amazon.it.

Numerosissime, centinaia, sono le *novelle* comparse su riviste e quotidiani, le quali meriterebbero di essere raccolte, talvolta anche a tema, come potrebbe essere, ad esempio, per quelle (come riteneva il figlio giornalista-critico-scrittore Piero) sul S. Natale.

Di Pastorino, non sono da dimenticare le *prefazioni* a sé e ad altri Autori; l'*Antologia latina* per i ginnasi inferiori, gli istituti tecnici e magistrali; la collaborazione con Cino Stoppino a *Novissima*, un'antologia italiana per la scuola media, edita dalla IRES di Palermo nel 1941; infine, la direzione di una collana di scrittori contemporanei e di una per bambini, "La diritta via", per gli Artigianelli di Pavia.

Tra i libri inediti si indicano:

Il tempo di Beatrice (già *Bacche d'agrifoglio*, 1930, libro finalista al premio Bagutta, si pensa riscritto negli anni '50).

Amor produce amore (rielaborazione inedita degli anni '50 di *Tempo di raccolta* del 1935).

Il bacio della primavera. II volume, dattiloscritto, presumibilmente negli anni '50, séguito al I volume edito nel 1937, che è stato scoperto recentemente.

Poesie postume
- *dalla preistoria (1910 – 1915),* (parte inedite e parte rielaborate, e in parte presentate e commentate dall'autore).
- *dalla storia (1916 – 1917),* (parte inedite e parte rielaborate, e in parte presentate e commentate dall'autore).

Poesie postume della maturità (1945 – 1961), (parte inedite, edite o rielaborate, e in parte commentate e presentate dall'autore).

La leggenda di Bosco Appennino (romanzo ciclico in cinque volumi o parti, di complessive 2000-2500 pp.):
- 1° volume *Il Sempiterno* (unico vol. edito: Pagano, Genova 1950).
- 2° volume *Il giardino semprevivo* (bozze di Pagano, riviste dall'Autore ma non pubblicate).
- 3°, 4° e 5° volume dai titoli, rispettivamente, *La Felicità di Bianca Maria Donati*, *Il canto delle sirene* e *La casa della montagna*; dattiloscritti dalla moglie maestra, Carmelina Cesari, e revisionati dall'Autore.

Altri libri pastoriniani reperibili su Amazon.it

Rospetto, 2015, pp. 188

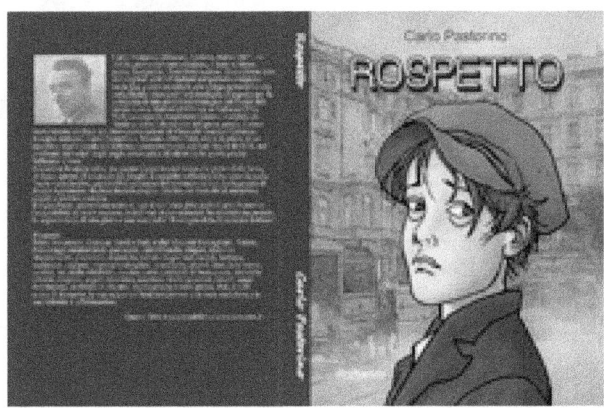

Il presente libro *Una cosa da nulla (Quasi un romanzo)*, 2016, pp. 124

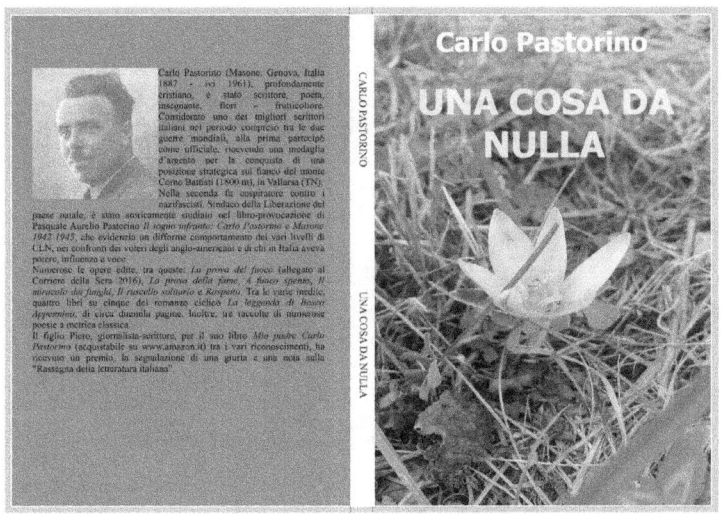

Il miracolo dei funghi, 2016, pp. 256

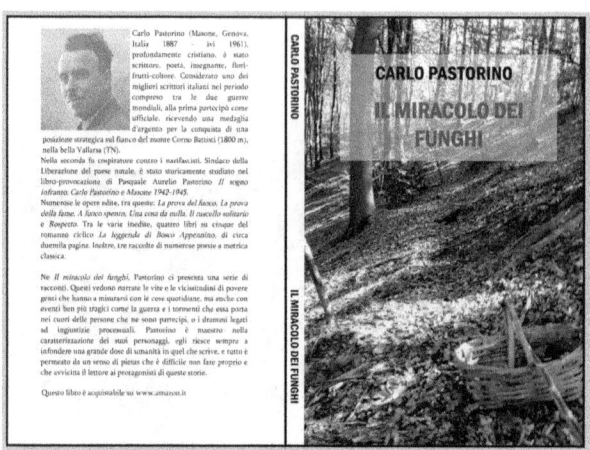

Consigliato anche *Mio padre Carlo Pastorino*, del figlio Piero. 2015, pp. 190

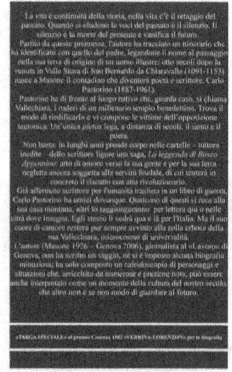
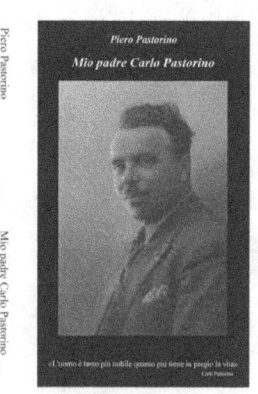

Alcuni dei siti internet dedicati all'Autore

Per approfondimenti, letture e immagini riguardanti Carlo Pastorino e la sua opera letteraria, di flori-frutticoltore, civile e sociale si consigliano, tra gli altri, i siti:

http://it.wikipedia.org/wiki/Carlo_Pastorino
https://sites.google.com/site/carlopastorinoletterato/
https://www.youtube.com/watch?v=j-61FAw0Suw
http://fiorenzaaste.blogspot.it/2009/01/sulle-tracce-di-carlo-pastorino-una_18.html

INDICE